楽天流

三木谷浩史
HIROSHI MIKITANI

講談社

楽天流

目次

第8章 スピード!! スピード!! スピード!!
——オペレーションのルールを書き換える……205

第9章 プロ野球、Jリーグ、オーケストラ
——地域貢献のルールを書き換える……241

ブックデザイン　佐藤可士和
表紙写真　野口 博

楽天流

はじめに

僕がルールを破った理由

1995年、30歳のとき、僕は日本興業銀行（通称興銀。現みずほフィナンシャルグループの前身）を辞めた。これは日本の伝統的な「ルール」を打ち破る無謀な行為だった。

好成績で大学を卒業して一流企業に就職する。一生、同じ会社で働いて徐々に出世していく。自分が勤める会社が成功すれば自分自身も成功できる——。

日本ではそれが神聖な「ルール」として当然のように信じられていた。このルールに従って、数え切れないほどたくさんの学生が教科書の山に埋もれる生活を送り、会社員は出世を目指して脇目も振らず同じ会社に通っていた。

僕が一流企業として名高かった興銀を退職しようとしたときも、周囲の多くの人たちから反対された。しかし、どういうわけか僕に近い人たちは驚かなかった。

「いつかこうなるだろうと思っていたよ」と父は言った。

興銀の上司は、「いつでも戻ってこい。また一緒にやろう」と言ってくれた。

「三木谷らしいよ」という反応を見せたのは、同僚や友人たちだ。

思いつきで退職しようと決めたわけではない。ある出来事がきっかけで、退職するかどうかずっと心に引っかかっていた。

1995年に発生した阪神・淡路大震災。この地震で僕が育った街――僕の両親と親戚が住む街――は、がれきと化した。両親は助かったが、命を落とした親戚もいた。地震の直後、必死になって叔母夫婦を探したときの状況は今も目に焼き付いている。ついに彼らと対面することができたのは、地元の学校に設けられた一時遺体安置所だった。

たくさんの遺体を目の当たりにして、僕は痛感した。人の命はあっさり奪われてしまうことがあるということを。

この時はじめて僕は自分もいつか必ず死ぬことを意識した。そして、こう思った。

一度きりの人生を思い切り生きなければならない。いつかではなく、今すぐにやりたいことをすべきなのだ。

阪神・淡路大震災の経験がきっかけで、僕はそれまでぼんやり心に抱いていた思いを整理した。そして、ルールを書き換えることにしたのだ。

振り返ると、僕は、学生時代からCEOとして企業を経営するようになった現在にいたるまでずっと、既存のルールを見直し、必要があれば書き換えてきた。ルールをいったんバラバラに分解し、新たに組みあわせ、成功するためによりよいやり方を見つけようとしてきた。

高校ではテニス部に所属していたが、長つづきはしなかった。テニスの腕が悪かったというわけではない。部の伝統に従うのが嫌だったのだ。特に、後輩が先輩のボール拾いをしなければならないという暗黙のルールは許せなかった。いくらボール拾いをしてもテニスが上達することはないからだ。

残念ながら、同じルールは大学のテニス部にもあった。三年生でキャプテンを務めることになったとき、僕が最初に実行したのが、このルールの撤廃だ。こうしてはじめてチームメイトはみな平等に自分でボールを拾うことになった。

インターネット・ショッピングモール（ネット上の仮想商店街）「楽天市場」を立ち上げてまもなく、僕らは出店者にそれぞれの店舗サイトを自由にカスタマイズできる機能を提供した。そうすることで、出店者は各々の目的に合わせて、自分なりの方法でサイトを編集し、商品や価格を紹介するなど、自分の店舗サイトを思いどおりに運営することが可能になった。

これは当時、前代未聞で、画期的なことだった。インターネット・ショッピングモールは規格化され、厳重に管理されなければならない、というのが、業界における共通の見解だったからだ。こんな考えは、僕にはひどく古臭く思え、インターネット・ショッピングモールの運営ルールを書き換えたのだ。

最近の例も挙げてみよう。日本国内の企業では、日本語で仕事をするのが一般的なルールだ。２０１０年、僕はこのルールを書き換えた。楽天では英語を社内公用語とすることを社員たちに告げたのだ。

英語化の試みはまだはじまったばかりだ。実のところ、みんながこのような改革を歓迎しているわけではない。ルールを破ることは必ずしも簡単ではないし、すぐできることでもない。そして痛みも伴う。

しかし、世界の変化についていくには、絶え間ないルール破りが必要だ。楽天にも、世界の最先端を走りつづけるために常に変化が求められる。

これからも僕は多くのルールにぶつかっては異議を唱え、おかしいと思ったルールは書き換えていくだろう。ルール破りには正しい破り方と誤った破り方がある。うまくルールを破るコツもある。この本では、なぜルールを破らなければならないのか、いかにルールを破るのか、そしてルール破りが僕個人とビジネスの成功にどう結びついたのかを読者のみなさんに伝えたい。僕のたどった道がヒントとなり、多くの方々の仕事の幅を広げる役に立ってくれるなら、これ以上の喜びはない。

誤解してほしくないのだが、ビジネスの世界にルールが必要ないと言っているわけではない。むしろその逆だ。楽天は、ほかの会社と同じように組織化されている。経営スタイルは、業務をいくつものプロセスに分け、個別に管理しながら進めるプロセス指向型だ。立案から新サービスの導入まで、どの段階に対してもガイドラインは必要だ。

しかし、常識への盲目的追従が、ビジネスの発展の足かせとなることもまた事実だ。昔ながらの手法に従うだけでも、ある程度は成功を収めることは可能だろう。しかし、もっと先に進みたければ、そして、もっと大きな成功をつかみたければ、常識を一度放り投げなければならない。

既存のルールの多くは、長い伝統を持ち、企業や国の文化に深く根付いている。これまでそこに異議を挟んだり、修正したりする人はほとんど現れなかった。

しかし、もし従来の考え方やコミュニケーションの根底にあるルールを新たに作り直すことができれば、劇的な結果が得られることも多くある。それこそ僕が、そして楽天が経験したことだ。世界中の人々にこれと同じ経験をしてほしい。

第1章　社内公用語英語化の全過程

——言葉のルールを書き換える

日本では英語の授業で旅行者がよく使いそうなフレーズや、初歩的な文法や会話を習う。英語圏の国の文学作品を読んだり、文化を学んだりもする。その結果、基本的な英語力をある程度は身につけられるはずだ。ところが、大半の日本人は、後の人生で英語を使う機会もなく、そのうち学んだことを忘れてしまう。

こんな場面を思い浮かべてみてほしい。学校を卒業して就職し、何年も経ったころ、ある朝、あなたは上司から次のような指示を伝えられる。

「今後、業務に関わるすべての言語を英語に統一する」

業務上の使用言語を、あなたが今やほとんど忘れ去ってしまった英語に変えるというのだ。しかも、「今日から、今すぐに」。

こんなふうに指示されたらどんな気持ちになるだろう? 学生時代を優等生で通した人ですら大きな衝撃を受けるかもしれない。２０１０年、僕がこれと同じ指示を通告したとき、多くの社員の顔には、深刻で不安そうな表情が浮かんでいた。そう、楽天は「社内公用語英語化」に舵を切ったのだ。僕は当時、約７０００人の社員（ほとんどは日本語を母語とする）を前に、業務で使う言語を、これまで慣れ親しんできた日本語から英語に移行するように指示した。

僕はこの指示そのものを英語で伝えた。その日の役員会議も英語で行った。それからほどなくして、社内すべての掲示板——エレベーターからカフェテリアまで——を日本語から英語に切り替えた。この指示の内容は東京本社からアメリカやタイ、台湾などにある楽天の海外支社にも伝えられた。

この計画を公表すれば、世間からさまざまな非難の声があがることはある程度予想された。実際、日本のある大手企業のCEOは、計画を「愚か」とこき下ろした。日本では一般に、企業の幹部が公の場で他社を批判することはない。「愚か」という発言がメディアで広く伝えられたこと自体、僕の決断がいかに衝撃的であったかを物語っている。

多くの否定的な反応があったにもかかわらず、僕は方針を変える気にはならなかった。僕は本気だった。社内公用語英語化は単なる思いつきではなく、楽天にとって不可欠であるとともに、この取り組みが他社にも波及すれば、日本経済を危機から救うにちがいないと確信していたからだ。世界中の人々と一丸となってビジネスを進めるグローバル化の流れに乗れるかどうか。その成否は、英語化計画の進展にかかっているのだ。

このプロジェクトが過激であることは明らかだった。前例もなかった。だから僕はこのプロジェクトに名前を付けることにした。

Englishnization（イングリッシュナイゼーション）——「英語化」だ。

この章では僕のアイデアと、楽天での経験を紹介しよう。

英語がコミュニケーションのツールとして便利だから、楽天は公用語を英語に変えようとしたのではない。閉塞状況を打開し、よりスピーディーで、よりグローバルで、よりボーダーレスな新しいビジネスを生み出すためにこそ英語化したのだ。

なぜ英語なのか

どうして中国語ではないのか。そう考える人もいるだろう。なにしろ中国語は地球上で最も多くの人が母語とする言語だからだ。

母語人口で比べると、英語は中国語に次いで世界第2位である。2位といっても人口数では1位とは2倍以上の差がある。ただし公用語人口で比べると英語が世界1位だ。つまり、英語は世界で最も「通じる」言語なのだ。しかし、僕が社内公用語に英語を選んだ理由は、単に話し手の数が多いからだけではない(もちろんそれも重要な理由の一つではある)。

第一の理由は、すでに英語がグローバル企業の共通語となっていることだ。複数言語を使いこなせる人たちが商談に集まると、ほとんどの場合、英語が共通言語に選ばれる。金融業界やエンジニアの業界では特にこの傾向が強い。

これらの分野でトップクラスにいる人たちの多くが、英語圏の高校や大学で教育を受けているからだろう。彼らは出身国も母語もさまざまだが、研究室、会議室、展示会など人の集まる場所ではみんな英語を使う。世界中のビジネスの現場で英語が使われているのが実情なのだ。例外は日本だけといってもいい。

島国であるせいか、日本では独自の言語環境が形成され、外国語との間に壁が築かれてきた。日本の子供たちは中学校、高校を通じて6年近くも英語を勉強するのに、その後の人生で英語はほとんど必要とされない。そのため成人で英会話ができる人はほんの一握りだ。実際、複雑な業務を英語でこなさなければならない立場に置かれている日本人は少ない。日本の経済規模の大きさも英語を必要としない雰囲気を作りだしている一因だろう。日本人の多くは日本語でコミュニケーションができれば問題なく仕事をこなせるのだ。あまりにも長い間、このような状況がつづいてきた。

しかし、グローバル化によって、日本の言語環境は土台から揺るがされつつある。世界経済のボーダーレス化が進む中、日本語に固執する日本企業は時代の波から取り残されるようになってきた。日本語にしがみついているせいで、英語でビジネスをする企業に比べ、コミュニケーションのスピードが遅く、効率も悪い。この傾向はますます強くなっている、というのが僕の実感だ。

日本語から英語へ翻訳すればいいではないかと思われるかもしれない。だが、翻訳にはどうしても一定の時間がかかる。業務に関わるすべてのコミュニケーションにその翻訳時間が上乗せされるとしたらどうだろうか。ビジネスの現場に、そんな膨大な無駄を許す余裕はない。日本の外ではすでにグローバル化の波が渦巻いている。僕らもこの流れに加わらないわけにはいかないのだ。

社内公用語に英語を選んだもう一つの理由は、日本語と英語の表現方法に微妙な違いがあることだ。日本語は、人と人の上下関係をはっきりさせる言語だ。年齢や社会的な地位などを考慮して適切に単語、熟語、文章表現を選ばなければ、スムーズに会話することができない。そのため日本語の話し手は会話するとき、いつも上下関係に気を配ることになる。一方、英語で話すときに相手との力関係はさほど問題にはならない。

僕はこんなふうに考えた。

英語を使えば社員の間から上下関係の障壁が取り払われ、仕事が円滑に進むのではないか、英語化すれば会社の文化が変わるのではないか。

社内公用語の英語化によって、英語のコミュニケーションが持つ二つの利点、すなわち「スピード」と「実用性」を手に入れることができる。そのうえ、日本のビジネスの発展にとって足かせである「上下関係」も克服できる。

僕の英語体験

英語は僕にとっていつも実用のための言語だった。僕がはじめて英語に接したのは7歳のときだ。両親とともに僕は日本からアメリカ北東部のコネチカット州に移り住んだ。父が客員教授としてイェール大学に赴任することが決まったからだった。僕は「ワン」、「ツー」、「スリー」、「イエス」、「ノー」、「バスルーム（トイレ）」というたったこれだけの英単語だけ覚えさせられて、地元の小学校に放り込まれた。その後約2年間、アメリカで生活したが、クラスメートと遊びながら、子供特有の適応力で、短期間で英会話を習得した。

しかし日本に帰国すると、僕の英会話の能力はどんどん衰え、やがてほかの日本の学生たちと同じ程度になった。英作文、文法、つづり字（スペリング）などは得意だったが、英会話能力は失われてしまった。

本格的に英語を勉強したのは大学時代だ。アメリカのビジネススクールに入ることを目標に定め、会話、読解、作文のすべての面で英語力を鍛えようと集中的に勉強した。この目標を達成したいという強い意志を持っていた当時の自分にとって、英語は不可欠だった。楽天の英語化プロジェクトでも「英語は不可欠」という点では、同じだ。異なる点があったとすれば、今度の場合、目標が僕自身のためのものではなく、会社全体のために定められたということだ。

大学時代、僕の英語力は少しずつしか上達しなかったが、楽天の英語化は猛烈なスピードで進んだ。英語化のビジョンを頭の中ではっきり思い描けていたので、英語化を発令する前に、僕はわざわざ時間を割いて英語化によってどのような効果があるのか、あるいは不利益があるのかについて調査しなかった。考え直すこともなかった。ただ実行あるのみだったのだ。

英語化を決断した瞬間

２００５年、楽天は、アメリカの大手オンライン・マーケティング企業リンクシェアを買収、２００８年に台湾、２００９年にはタイに拠点を築き、日本の「楽天市場」と同じようなインターネット・ショッピングモールを開設した。事業展開の進行は順調だった。

しかし、もっと効率的に事業を進められるはずだと思っていた。それなのに、どうもうまくいかない。モヤモヤした思いが頭から離れなかった。そしてついに、この問題が言語、つまりふだん使っている日本語に根ざしていることに僕は思い至った。

社員研修を例に言語の問題を考えてみよう。楽天では、研修の一環として海外支社や子会社の社員たちに日本で「楽天市場」のビジネスモデルを学んでもらっている。英語化する以前は、日本にやって来ると、彼らは、各部署の責任者たちと通訳を介して話をしていた。しかし、通訳を介すると、当事者同士の会話のスピードが遅くなり、互いを十分理解するのに時間がかかってしまうのだ。スピードの問題だけではない。通訳が間に入ると一つのチームとして働いているという一体感もわきにくい。どちらも僕らの起業家精神の根幹に関わる大きな問題だった。

会社の拡大に伴い、楽天は各社員の業務に関わるコミュニケーション全体を、共通のＩＴシステムに統合した。インターネット企業である楽天にとって、これは当然の施策だった。今ではほぼすべての業務連絡が、共通のＩＴシステムに統合されたＥメールやチャット、ＩＰ電話、ビデオ会議を通じて行われている。また、各種社内の申請手続きも電子化され、共通のＩＴシステムを通じて行えるようにした。

そのおかげで業務はかなり効率化された。しかし、事業全体を完全に統合することはできなかった。

なぜか？　言語の壁が立ちはだかったからだ。たしかに僕らは、海外支社も含め、すべての関連会社とインターネットを介して連絡をとりあえるようになった。だが、当時、海外の社員は、僕が日本語で書いたメッセージを、わざわざ英語に翻訳して読んでいた。海外から日本へ送られるメッセージも同じだ。英語のメッセージが日本語に翻訳されてから、日本の社員に転送されていたのだ。当然、翻訳には時間と労力を要した。せっかく瞬時に世界各地と通信できるインフラを持っていながら、それを十分活用できていなかったのだ。

将来を考えると、言語の壁が、翻訳にかかる手間以上の問題をはらんでいることは明らかだった。楽天がこれからも独創的なサービスを世に送り出しつづけるためには、日本だけではなく世界中から最高の頭脳を持った人材を集める必要がある。しかし日本語が足を引っ張っていた。単に日本語ができないというだけで優秀な人材を雇えない状況は、僕にはとうてい受け入れられなかった。事業を世界に広げるにつれて、英語を話せる社員の数を増やす必要にも迫られていた。こうした問題は考えれば考えるほど、深刻なものに思えた。

実をいえば、僕も以前は、日本語でも十分ビジネスをやっていけるはずだと考えていた。どちらかといえば、英語は不要だと思っていた。外国人の社員たちに日本語のレッスンを受講するよう指示を出していたくらいだ。しかし、海外展開を本格的に行う段階に至ってはじめて、グローバルな経営形態を実現するには英語によるコミュニケーション能力が絶対に必要であることに気がついたのだ。

どうすれば言語の壁を乗り越えられるだろうか。解決の糸口を与えてくれたのは、海外で雇用されて、楽天本社に入ってきた外国人社員たちだ。楽天がグローバル化するにつれ、海外から日本の楽天本社へどんどん人材が集まるとともに、日本語とは異なる言語文化も流入するようになった。そこで僕は驚くべき光景を何度も目にした。海外出身の社員たちは、日本人であればとうてい無理と考えてしまうようなことをいとも簡単にやってのけていたのだ。驚異的だったのは、インドで雇用した技術者たちが来日してから日本語を習得するまでの時間だ。彼らは入社してわずか数ヵ月で日本語会話の能力を身につけていた。優秀で、やる気があれば、新たな言語を短期間で習得できることを彼らは実際に示していた。英語化のアイデアがひらめいたとき、頭に思い浮かんだのは彼らの姿だ。

僕は人生の大半を起業家として過ごしてきた。そのせいか、思いついたアイデアを次の日には実行に移すのが習性になっている。新しいアイデアを思いついたら即座にそれを実行するのだ。アイデアの良し悪しを検討したり、調査チームを組織したりすることもない。社内公用語を英語にするというアイデアの場合、もし誰かに相談したら、100人中99人は「正気か」と僕を思いとどまらせようとしたに違いない。しかし、どうせ反対意見が出るだけで終わることがわかっているなら会議をするだけ時間の無駄だ。このプランがまともでないことはわかっていた。だが、正しい解決策だという確信があった。

事前に予告することもなく、僕は役員会議で「来週から英語で会議をする」と伝えた。さらに僕は、社内公用語の転換をやり遂げるまでの期限を設定した。全社員に、2年以内に、役職に応じて設定されたTOEIC（国際コミュニケーション英語能力テスト）スコアの獲得を課したのだ。昇格要件として、初級管理職には650点、中級管理職には700点、上級管理職には750点のクリアを求めた（なお、2014年7月からは全社員の昇格要件に、800点のクリアを課している）。

この課題を達成できなければ、昇進の見送りや降格もあり得ることも、あらかじめ社員たちに伝えておいた。

3段階で英語化する

社内公用語の英語化は3段階に分けて実施された。

第1段階は、テストによる評価だ。テストの一つとして利用したのがTOEICだ。TOEICは英語の読解力と聴きとりの理解力を試す2時間のテストだ。多くの日本企業では、テストは研修期間の最終段階に1回だけ実施されている。しかし、それでは不十分だ。僕は英語化プロジェクトを科学的なアプローチで進めたかったので、何度も試験を受けてもらうようにした。社員たちがスタート地点でどのくらいの英語力を持っているのかをまず確かめ、点数の低い社員には毎月、短時間でオンラインを通じて受けることのできる別のテストも受験してもらった。モチベーションを高め、学習の進捗度を正確に把握するためだ。

第2段階では、英語教育に力を入れた。社員たちが積極的に英語化プロジェクトに取り組めるように、外部の講師を招いたり、イベントを開催したりしたのだ。英会話学校へ通いやすいようなサポートも実施した。書類も社内用はすべて英語に統一した。そして僕は、日本にいようが、インドネシアにいようが、ブラジルにいようが、ところかまわず社員に英語で話しかけるようにした。

第3段階では、第1、第2の段階で引きあげられた英語力を実際に職場で使える環境を整えた。正しい英語表現ができているか評価できる者を会議に同席させたり、社員が互いに英語で意思疎通するためのディスカッションの場を設けたりもした。

世界が注目した

楽天がはじめた社内公用語英語化は大きな反響を巻き起こした。それは社外、そして海外にも波及していった。

最初の反響は、英語化の方針を公表してわずか数時間で返ってきた。楽天は過去数年にわたって企業買収を進め、発展しつづけてきた。成長し、進化し、新サービスを次々と世に送り出していた。それでもなお「楽天」の名を世界に知らしめるうえで最も効果的だったのは、この英語化プロジェクトだった。日本のインターネット企業が社内公用語を英語にするというニュースが、世界中のメディアで注目を集めたのだ。あっという間に楽天の話題は国境を越えて広がった。

いくつもの国際的メディアがこのニュースに関心を持ってくれた。CNN、ウォール・ストリート・ジャーナル、アジアの主要メディアなど、100以上のメディアが報道した。すでに述べたように日本の企業経営者たちは社内公用語英語化にあまりいい印象を持っておらず、彼らがメディアに語った批判的コメントがさらに議論を盛り上げた。楽天が海外企業を買収したときよりも（買収相手がどんなに大きな企業であろうと）、社内公用語英語化を公表したときのほうが大きな注目を集めた。わが社のマーケティング担当役員は、楽天の名を国際的ブランドとして広める絶好の機会ができたと、この状況を歓迎していたくらいだ。彼は、楽天がプロ野球球団を創設したとき以来の反響だと話していた。

話題にされることには良い面と悪い面があった。クローズアップされ過ぎて気が散ることもあった。英語化は楽天のさまざまな活動のうちの一つにすぎないが、楽天の知名度がグローバル規模に高まったことは良かった点だった。楽天は当時、日本国内ではよく知られていたが、海外ではｅコマース業界や取引相手以外にはあまり名が知られていなかったからだ。

ハーバードからの連絡

社内公用語英語化の公表を機に、楽天は世界から一目置かれる会社になった。おもしろい課題に取り組む先端企業が登場すると、ほかの企業はその企業の経験から何かを学ぼうとする。楽天は実際、英語化プロジェクトをはじめたとき、そのような先端企業として認められるようになった。なぜそれがわかったかというと、僕の母校ハーバード・ビジネス・スクール（ＨＢＳ）から連絡があり、楽天の英語化プロジェクトをケース・スタディの題材に選びたいという申し出があったからだ。

これは、この上ない名誉だった。最高のビジネス研究機関から研究対象に値するとして選ばれたのだ。ハーバード・ビジネス・スクールから電話で連絡を受けたとき、僕は電話の相手に強調した。楽天は世界展開を狙っているだけでなく、業界全体をひっくり返すような企業になることを目指している。そして社内公用語英語化は、僕ら自身の啓発や社員たちの基本的な能力の向上のためだけではなく、ビジネス界の先例となるために行っているのだ、と。

4 時間かかった役員会議

英語化は、楽天グループ内のコミュニケーションのあり方を劇的に変えた。特にインパクトが大きかったのは、社員同士の日々のやりとりだ。パリにある拠点でこんなことがあった。あるときマーケティングチームにトラブルが持ち上がった。英語化以前は、英語を話すことができ、かつそのトラブルに解決策を打ち出せる社員を見つけなければならなかった。しかし、英語化を実施した今では、問題に気づいた者が受話器を取り、答えを知っていそうな人物に電話をかけてそれで終わり。時間を無駄にすることもない。これは紛れもない改善だった。

しかし、手放しには喜べない面もあった。たとえば、ニューヨークにある拠点の社員のところに夜遅い時間に日本から電話がかかってくるといったようなことが増えたのだ。

英語化以前、これほど密な社員間のコミュニケーションはなかった。多くの場合、英会話力に対する不安からも、やりとりはEメールを通じて行われていた。翻訳にも一定の時間がかかるため、日本からのメッセージがアメリカの社員に届くのに通常1日か2日を要した。だからアメリカの社員が電話対応を迫られるケースは少なかった。しかし英語化した今、電話であれば国境をまたいだ連絡にかかる時間は2〜3分。翻訳を介する必要もなくなり、コミュニケーションのスピードが劇的に上がったのだ。

アメリカ東海岸で早く帰宅したがっている社員にとって、たしかにこれはあまり喜ばしい状況ではないだろう。しかし、ビジネスにとっては、もちろん大きな収穫だ。

つらかったのは日本人の役員たちだっただろう。日本ではよく、「言い出しっぺが最初に実践せよ!」といわれる。だからまず役員が社員に手本を示す必要があった。そこで英語化を宣言した翌週から、役員会議の資料やプレゼンテーションを全社に先行して英語に切り替えた。

役員を最も困らせたのは、会議中、質問を受けたときだ。あらかじめ予想して備えていた質問にならスムーズに対応できる。しかし、時としてまったく予期していなかった質問に答えなければならないこともある。的確に答えるには相当なレベルの英語力が求められる。

はじめのころ、英語が達者でない役員たちは質問を受けると戸惑ったり口ごもったりしていた。居心地も悪そうだった。役員の中には、要点を日本語で述べた後、英語で述べてもよいかと僕に許可を請うものもいた。もちろん僕の答えはいつも「ノー」だった。ただし英語に翻訳しにくい用語、文章表現（日本の法律、国内の顧客や国内サービスに関する書類など）もある。そういうものについては日本語の使用を認めざるを得なかった。しかし、そうした例外を除いて、僕は彼らに英語でのコミュニケーションを徹底するように求めた。

会議中、発言者が言葉に詰まったとき、次の言葉が出てくるまで僕は辛抱強く待ちつづけた。彼らが言おうとしていることを、予想できる範囲で僕が英語で補うこともあった。英語化しはじめたばかりのころだったから、英語を十分話せない者がいて当然だ。重要なのは、まず社員が英語に慣れることだった。

２０１０年４月はじめの役員会議は、終わるまでになんと４時間を要した。いつもの２倍の長さだ。しかし、スローダウンは一時的だった。すぐに社員一人一人が成長を見せはじめたからだ。

ある管理職の社員は当初、英語の学習にあまり積極的ではなかった。僕の決定が覆らないことを知った彼は、社内公用語が英語に切り替わる期限の前に退職するつもりだったという。

しかし、彼は会社のサポートで、フィリピンの英語学校で徹底的に英語を学ぶ機会を得た。そこで開眼したらしい。彼の留学先には、韓国、中国などから、英語を学んでキャリアに活かし、自分の会社をグローバル化すべく必死に努力している生徒が何人も集まっていた。こうした留学生たちと交流するうちに、彼自身、グローバルな視点を持つようになったという。

日本も島国の国内市場にとどまるのではなく、世界のマーケットに飛び出す必要があると痛感したのだ。彼のTOEICスコアは数ヵ月のうちに250点も上がった。それ以上に変わったのは、彼の姿勢だ。英語は、社内での彼のポジションを押し上げただけではなく、彼に「世界における楽天」という新しい視点と環境を与えた。このことに気づくと、モチベーションがまったく変わる。

僕は、楽天の英語化の取り組みが日本のほかの会社のモデルとして役立ってくれれば、と思っている。英語に苦手意識を持っていた管理職の社員のように、日本の多くの会社は国内向けのビジネスだけで満足しており、グローバル化にあまり関心を払っていないようにみえる。しかし、楽天では英語化によって社員たちは共通言語でコミュニケーションをとれるようになっただけではなく、日本語圏の外側で起こっている劇的な変化を肌で感じられるようになったのだ。

楽天で英語化が実現できれば、ほかの会社でも同じことが実現できるだろうと僕は考えた。楽天の英語化は、日本の経済界に大きなインパクトを与えた。僕はほどなくして、英語化のコンセプトについて語るスポークスパーソンになった。国際会議の場で、言語やコミュニケーションがビジネスに果たす役割や、あるいは日本企業がグローバル経済の中で成功するために必要な変革について、といったテーマでたびたび講演を依頼されるようになったのだ。これは僕にとって、ワクワクするような展開だった。僕は、英語化が単にビジネス上の話にとどまらず、日本に根本的変化をもたらすことを強く期待している。

予想以上の社員へのストレス

社内公用語英語化によってもたらされた利点は多かったが、一方でさまざまな困難が伴ったのも事実だ。英語化を進める中で気づいたことは、英語化が予想以上のストレスを社員たちにもたらしていたことだ。個人にのしかかるストレスも大きければ、会社全体に対するストレスも大きかった。

最も大きかったのは時間的コストだ。英語化のために、社員たちは厳しいスケジュール管理を要求された。彼らは英語学習以外に本来の業務もこなさなければならない。社員たちは、業務時間外に英語を勉強するほかなかった。そのため、会社として会議室を勉強部屋として用意したり、学校と交渉の上、レッスン料を割り引いてもらったり、会社の会議室でレッスンを受けられるようにした。

しかし、このような支援策だけでは、社員の不満が解消されることはなかったようだ。実際、英語化プロジェクトによって社員たちにどんなストレスがのしかかっているかについて、いろいろな話が僕の耳にも届いた。

社員たちは、家族と接する時間や睡眠時間が減ったことを不満に感じていた。これには僕も同情せざるを得なかった。ただし、目標を変える気にはならなかった。英語化によって、社員個人や楽天のビジネスに生じる変化は革命的に大きい。どんな革命も簡単ではないのだ。

2番目の困難は、生産性の低下だ。日本語を母語とする社員に英語で仕事をすることを要求したのだ。当然、生産性は一時的に低下した。社員たちは、英語化プロジェクトがはじまる以前に比べ、同じ業務により多くの時間を費やすことになった。

3番目に僕らが向きあわなければならなかったのは、文化的な影響だ。英語化を実施することで、日本の伝統的な上下関係が乱された。英語化が進むにつれて、すでにある程度高い英語力を持っていた者たちと、英語力の低い者たちとの関係性がフラット化しはじめたのだ。40代の上級管理職が20代、30代の若手社員からなるグループを率いるというそれまでの状況が完全にひっくり返ることも起こった。若い社員は、学校を卒業して日も浅く、ほとんどの場合、上司よりも高い英語力を持っている。上司はこれまでこうした若手社員を自分のチームの一員としてうまくコントロールしていたのに、英語力が十分でないために、自分の統率力に自信を失い、英語が堪能な部下を恐れるようになった。

社員間の力関係にも大きな変化が見られた。英語を母語とする者や、母語ではないが比較的英語力が高い人が多い国の出身者が、以前にはなかった強い発言力を得て急に自信を持つようになった。このような傾向が実際に現場でどの程度あり、どのような影響を与えたかははっきりしない。しかし、社員の間で不安が広がっていたことは事実だ。

僕の最終的な解決策は、みんな職場で懸命に英語に取り組んでいる様子が目に見える環境を整え、英語を実際に使ってもらうように社員たちを力づけることだった。日本社会では「顔」、つまり、評判を落とさないことに大きな価値が置かれている。楽天社員の中には職場での英語使用を避けようとする者もいた。彼らは、文法的なミスを犯して恥をかくことを恐れていたのだ。

ここは僕が、率先して軌道修正を図るべき局面だと思った。こんなことも説いた。「楽天が目指すのはネイティブのように流暢な英語を使う企業ではなく、非英語圏も含むグローバルで伝わるシンプルな英語を使いこなす企業だ」

単に英語化を推進するだけではなく、それ以上の役割が自分に課せられていることに僕は気がつきはじめた。ある時点から僕も積極的に英語化プロジェクトに関わろうと思った。

社員たちがみなこの困難な課題に真剣に取り組んでくれたおかげで、僕は英語化を指示して1年のうちに確かな手応えを得た。しかし、同時に、グローバル規模で英語化を実現するには予想以上の困難が伴うことも学んだ。

最初の1年が終わるころ、僕はこの課題がいかに困難であるかを実感した。まず目標のレベルまで英語力をアップする時間が社員には足りなかった。2012年4月に設定されていた社内公用語の英語への正式移行を一年後に控える中、東日本大震災によるさまざまな影響も考慮して、僕は社内公用語の移行期限を3ヵ月延長することにした。しかし、同時に、一刻も早く社員たちが英語に習熟することも会社にとって必要だった。ほかの大型プロジェクトと同様、英語化も、忍耐力、柔軟性を試されるプロジェクトだった。

僕が社内公用語の英語化にこだわったのは、すべての楽天社員に必要なことだったからだ。この目標をあきらめることはできない。僕は、社員全員が目標を達成できるように、どんなサポートでもしようと心に決めていた。業務時間内に無料で英語レッスンを受けられるようにするなど、あらゆる手段を講じた。できれば落伍者は一人も出したくなかった。ただ楽天が成功するだけでは意味がないからだ。

そして僕は、これまでの成果に、誇りを持っている。今では社員の90%以上が設定されていた目標のTOEICスコアをクリアしたからだ。しかし、楽天のみならず、他企業のためにも、これまで以上の努力を継続する必要があるだろう。英語化は日本の課題なのだ。TOEICの平均点をみると、日本はアジアで13位前後だ。韓国や台湾より下位であり、中国、フィリピン、マレーシアといった国に対してはずいぶん後れを取っている。

もしかするとこれは日本の政策の一環なのかもしれないとさえ思ったこともある。英語力向上に歯止めをかけることで、日本を真の意味でのグローバル社会に参加させず、隔離した状態のままとどめ置くという政策だ。

言語的に隔離されているからこそ、日本は守られているという意見もある。しかし、僕に言わせれば、こうした意見は英語教育を実のあるものにしたくない人たちが利用する口実にすぎない。

日本を世界から隔離するような政策は完全に行き詰まっている。グローバル化は、ビジネス、コミュニケーション、市場競争を含むあらゆる面で進んでいる。このような時代に現況を無視して鎖国状態をつづけることはできないのだ。

世界経済はインターネットによって大変化をとげた。後戻りすることはもうないだろう。eコマースや情報の自由化によって、現在では国内と海外の市場は緊密に絡みあっている。今やあらゆる企業が、地球上のどこにあろうと、グローバル競争にさらされる時代となったのだ。起業時に思い描いた事業計画は何であれ、今あるすべての企業は、この世界の流れから逃れることはできないのだ。

かつては国境が国内経済を保護してくれた。しかし、すでにそんな保護効果は失われつつある。楽天はもちろん、日本もこうした時代の趨勢《すうせい》に適応しなければならない。世界中の企業が適応しなければならないだろう。変化はすでにはじまっている。あとは僕ら次第なのだ。

だからこそ僕は英語化プロジェクトを途中でやめるわけにはいかなかった。単に会社の英語化を達成するだけではなく、もがいている社員一人一人の英語力を向上させなければならなかった。

僕を自己中心的だとか向こう見ずと批判する人もいる。しかし、心の底では、彼らもこの挑戦は避けられないものだとわかっているはずだ。僕らがどうやってこの障壁を乗り越えるか、彼らはじっと観察している。僕の目標は、楽天がほかの企業の見本になることだ。他社でも楽天につづいて英語化を実践するところがでてくるだろう。英語化は遅かれ早かれ必須になってくるのだ。グローバル市場では共通言語によるスピーディーな対応が求められる。翻訳に時間を割いたり、解釈の違いによるタイムロスは避けなければならない。明確さとスピード。それがグローバル経済では肝要なのだ。

楽天流・実践のヒント　1

・共通言語によるグローバルなビジネス展開を想像してみる。グローバルに展開する上で、コミュニケーションで不具合が出る場合は、社内公用語を統一することを考える。それによってどれくらい時間が節約され、どのようなイノベーションが生まれるかを想像してみよう。
・チームまたは企業で、たとえば社内公用語英語化のような大変革に取り組むとき、どのように仲間たちを説得し、いかに彼らにやる気を起こさせ、変革をリードしていくかを思考してみる。
・英語化を進めることができれば、グローバル経済におけるあなたの企業の役割はどのように変わるか、あなたの企業はどのような位置に立つことになるか、思考をめぐらせてみよう。

第2章 楽天成長の原理——ビジネスのルールを書き換える

広島県の山間《やまあい》の町に、三代にわたってお米屋さんを営むご主人がいる。ご主人は家業の伝統に誇りをもっていたが、１９９０年代後半から、人件費の増加や、取引先の外食店やスーパーなどからの度重なる値下げ要望により、経営が厳しくなっていった。高校を卒業してすぐに地元を離れていた息子さんは、そのまま都会で会社員として生きる道を選んだ。

ご主人は、自分が２００年近く続いた家業の最後の代になるだろうと悲観的になっていた。

ある日、ご主人が自宅でいつものようにテレビを見ていると、創業間もない「楽天市場」のビジネスを紹介するニュースを偶然目にした。すぐに「これだ！」とひらめき、「楽天市場」に問い合わせ、出店することが決まった。それまでコンピューターを使った経験がほとんどなかったご主人に、「楽天市場」のＥＣコンサルタントは、コンピューターの扱い方、ウェブサイトの作成の仕方、「楽天市場」の営業用ツールの活用法についてなど、初歩からサポートした。息子さんにもアドバイスをしてもらいながら、まもなくご主人は「楽天市場」にお米屋さんのサイトを開設した。

ご主人はやがて自分のビジネスに再び情熱を傾けるようになった。ウェブページを増やし、読みごたえのあるコンテンツを充実させていった。代々、営んできた家業の歴史、培ってきた伝統の技術を紹介し、彼が取り扱う米がいかに特別なものであるかをサイト上で力説したのだ。自分の商売と家族に対する思いと夢もあわせて記した。

情熱をこめて取り組んだ甲斐あって、事業は持ち直し、再び成長しはじめた。さらに、人手が足りなくなった父親をサポートするため、息子さんが18年ぶりに家族を連れて地元に戻ってきた。父親が苦労しながらも、生き生きと楽しそうに仕事をする姿を見て、自分も一緒に仕事をしたいと自然と思えるようになったという。今では息子さんが四代目となり、家業を継承している。ご主人は、「楽天市場」への出店をきっかけに、ビジネスを甦らせ、成長軌道に乗せたうえ、再び家族の絆を深めることにまで成功したのだ。

これは僕の好きな楽天初期のエピソードの一つだ。僕は社員に対しても、講演会でも、くり返しこのエピソードを紹介している。なぜかというと、ここに僕がビジネスにおいて最も大事にしている理念——エンパワーメント（自律自走できるように支援すること）が実現されているからだ。

一般にエンパワーメントという言葉は、社員一人一人が自主性を発揮できるような職場環境を整えるといった意味でよく使われている。しかし、自主性を発揮しやすい職場環境を整えるといっても、愛犬同伴の出勤、あるいは街角のコーヒーショップでの業務などを社員に許可するといった、社員が気持ちよく日々の仕事ができる環境をつくることが、僕の言うエンパワーメントではない。僕の考えるエンパワーメントは、会社のトップだけでなくすべての社員が共有し、仕入れから小売りまで隅々に行き渡っていなければならないビジネス戦略の根幹にあるコンセプトだ。このコンセプトこそ僕らが達成すべき最大のゴールであり、eコマース分野で競合する数多くの企業の中で、楽天が抜きんでている強みなのだ。

さきほどの例を見れば、エンパワーメントがビジネスにどんな役割を果たすのかがわかるだろう。

楽天はまずECコンサルタントに、顧客と会って、話を聞いて、自由に支援する権限を与えた。そしてECコンサルタントは顧客への支援を約束し、ぞんぶんに「楽天市場」でビジネスを展開する力をお米屋さんのご主人に提供した。

僕にとって最も意義深いことは、顧客がいちばん叶えたかった夢を実現できるように楽天が後押ししてきたことだ。ご主人は、ビジネスをもう一度成長軌道に乗せ、戻ってきた息子さんとともに家の伝統を守るという夢を実現した。楽天がすべてするのではなく、顧客自身に夢を成し遂げられる力を持ってもらうことが大事なのだ。ご主人は自分の成功に誇りを持っているだろう。そして楽天も、ご主人をパートナーとしてエンパワーできたことを誇りに思っている。

第2章では、エンパワーメントとはどんな概念で、楽天の組織にどのように息づいているのかを紹介していこう。エンパワーメントは楽天の企業としての価値を高め、大きな強みになっているが、これこそｅコマース業界全体の将来の隆盛のカギを握るコンセプトと僕は考えている。ポイントは次のとおりだ。

・楽天はどのように顧客をエンパワーしているのか
・楽天はどのように社員をエンパワーしているのか
・定量的なゴールとＫＰＩ（キー・パフォーマンス・インディケーター：重要業績評価指標）を設定することで、楽天はどのようにエンパワーメントの過程で生じる混乱を回避しているのか
・エンパワーメントがどのように個人の成功につながるのか
・エンパワーメントを活かす会社や個人は、なぜ世界を変えていくことができるのか

それでは具体的に説明していこう。

顧客をエンパワーする

ｅコマース業界が生まれたばかりのころ、エンパワーメントという概念は重要視されていなかった。今となっては驚くべきことだ。

インターネットが発達し、ｗｗｗ（ワールド・ワイド・ウェブ）が登場すると、個人でもオンライン・ショップ（ネット上の仮想商店）を立ち上げることができるようになった。しかし初期のオンライン・ショップ運営者たちの多くは、ネットの世界において単体でビジネスをすることの難しさをすぐに思い知らされた。たとえ世界で最高の製品をネットで購入できるようにしたとしても、そのショップの存在が世間に知られなければ、売り上げを伸ばすことはできない。この問題を解決しようとして生まれたのが、インターネット・ショッピングモールのアイデアだ。

当時、いくつかの大企業がインターネット・ショッピングモールを立ち上げた。モールには契約を交わした小売業者が次々と出店したが、これらは軒並み失敗した。

例を挙げよう。１９９６年、ＩＢＭはインターネット・ショッピングモール「ワールド・アヴェニュー(World Avenue)」をオープンすると発表した。当初、16の小売業者がワールド・アヴェニューに登録した。その中にはハドソンズ・ベイ（カナダの大手百貨店）、ゴットショークス（アメリカにかつて存在した百貨店。２００９年に破産）などの大企業も含まれていた。ワールド・アヴェニューは、鳴り物入りでオープンしたのだ。

しかし、オープンから1年もたたないうちに、このプロジェクトは中断された。集客は十分できていたようだ。それなのになぜ失敗したのか。最大の理由は、出店していた小売業者たちが、モールのオーナーに不満を募らせていたことだと言われている。彼らは自分たちのオンライン・ショップにＩＢＭの名を付けられたくなかったのだ。それに小売業者と買い物客との関係にモール運営者がいちいち割り込んでくることにもいらだちを募らせた。つまり、彼ら小売業者にとって、ＩＢＭは支援者というより邪魔者に思えたのだ。なぜ自分たちと買い物客との間に壁をつくる邪魔者に金を払う必要があるのか？　テナントである小売業者たちはまもなくワールド・アヴェニューから撤退した。

ＩＢＭは何を間違えたのだろう？　率直に言えば、当時ｅコマースに手を出したほかの多くの大企業も同じ過ちを犯した。その態度は高圧的で、ルールも厳格すぎたのだ。しかし、小売業者たちは、自分たちを上から支配してあらゆる面をコントロールしようとする彼らに反発した。

僕ら楽天がｅコマースに参入したのは１９９７年だ。インターネット・ショッピングモールに手を出して失敗した他の大手ＩＴ企業と同じ道をたどるわけにはいかなかった。彼らとは異なる戦略が必要だった。そこで楽天は、大企業のモールと対極的なモールを提供することにした。つまり、小売業者たちをコントロールして自由を奪うのではなく、店舗サイトの運営については彼らの裁量にある程度委ねることにしたのだ。

楽天の開設したインターネット・ショッピングモール「楽天市場」は当初から異色な存在だった。まず僕らは月額５万円でサービスを提供した。これを年２回に分割して支払えるようにしたのだ。この料金は大企業が課した出店料の数分の一にあたる。

さらに出店者は、一つの決められたデザインの型にはめられることなく、店舗サイトのレイアウトを自ら自由に行うことができた。僕らは各店舗によるカスタマイズを重視していたので、店舗側が簡単に自店ページのデザインや内容を編集できる特別なツールを開発したほどだ（当時、多くの小売業者はコンピューターの操作に慣れていなかった）。

これはけっして簡単なことではなかった。「楽天市場」開設の準備を進めていた初期のころ、社員は僕を含めて2人しかいなかった。僕よりはコンピューターに詳しいという程度のもう1人の社員に、僕は『はじめてのSQL』というプログラミングの入門書を1冊購入して渡した。当初はツール開発を外注しようとしたが、僕らの満足できるものが出来上がってこず、自分たちで作ろうとしたのだ。自分たち、つまりは、そのもう1人の社員にやってもらおうとしたのだ。最終的に僕はプログラミングの家庭教師をその社員に付け、指導を受けながらも自分たちでツールを作り上げた。当初は難しすぎてとても無理だと思っていた。だが、そういうツールが不可欠であることは疑いようがなかった。エンパワーメントによって顧客を奮起させなければならない。僕らは単に「楽天市場」に出店していただく小売業者からお金を回収したかったのではなく、彼ら自身で成功をつかんでほしかった。

僕らは、出店者と買い物客との関係から一歩身を引くべきだとも考えた。初期のインターネット・ショッピングモール（そして今日存在する主なeコマース会社のいくつか）は、出店者と買い物客とのコミュニケーションを、モールの管理者が代行していた。出店者は、買い物客と直接やりとりする権限を持たなかった。買い物客とのすべてのやりとり（注文、苦情、質問、応答など）は、モールの管理者に集中する仕組みになっていたのだ。

買い物客がある商品についての具体的な情報を欲している場合、モールの管理者に聞くより実際の売り手である出店者に直接聞きたいだろう。たとえば、東北の米販売業者が、注文商品を実際にどのような形で発送したか、ある消費者にとってどの商品がベストか、そのお米がいかに特別なものか、こうしたことはすべてモール管理者より販売している出店者が一番よく知っているのだ。仲介者を入れずに当事者同士で話しあうのが最も効率がいいに決まっている。

僕らは「楽天市場」に出店している小売業者に買い物客と直接コミュニケーションをとること、買い物客には直接出店者とやりとりすることを勧めている。

eコマース業界でこのようなアプローチをとっているところは、今なお楽天以外にほとんど存在しない。世界の大手eコマース企業は、営業活動の多くをコントロールしている。すべてのコミュニケーションがモールの管理者の手元に集まるよう設計されているのだ。

初期のインターネット・ショッピングモールの開発者たちは、小売業者にはバーチャルな商店の運営は無理だと考えた。だから彼らは、小売業者はeコマースの仕組みをつくり、管理し、コントロールしてくれる第三者を必要としていると思い込んだ。しかし、彼らの管理主義は間違っていたのだ。初期のインターネット・ショッピングモールが軒並み失敗したことがそれを証明している。管理されても小売業者は得をしなかった。特に、長期的な目標を達成するには邪魔になるだけだったのだ。

インターネット・ショッピングモールの管理者に求められていたのは、出店している小売業者をうまくエンパワーメントして、彼ら自身の力で成長することを支えることだったのだ。僕らは、店舗サイトのデザイン、Eメールのやりとり、そして取引関係の管理までコントロールするのではなく、エンパワーする方法を模索してきた。

この章の冒頭のお米屋さんの経験は、まさに楽天が目指すインターネット・ショッピングモールのあり方を示した例だ。楽天は彼と単に契約を結んだだけではない。僕らは彼を、小売業者として、父親として、そして家業の歴史と伝統の継承者として成功するようエンパワーしたのだ。

お米屋さん以外の例も紹介しよう。

「楽天市場」にはペット衣料を扱う「iDog&iCat」というショップがある。このショップは、犬や猫が着用する冬用の暖かいジャケットからウェディング・ドレス（飼い主の結婚式に参列するためのもの）まで、あらゆるペット衣類を取り扱っている。僕らは彼らのビジネスをサポートするため、いくつもの手を打ったが、いちばん重視したのは、彼らと買い物客とのやりとりをエンパワーするツールを提供することだった。「iDog&iCat」が自分の客と連絡をとりあう方法はさまざまだ。ショップのスタッフは買い物客から寄せられたペット情報を頻繁に店舗サイトやメールマガジンに掲載した。サイトは、「iDog&iCat」が販売する衣装で着飾ったペットと飼い主の楽しそうな写真で埋め尽くされている。さらにこのショップは買い物客のペットを正式なモデルとして採用する特別なサービスも提供している。現在、レギュラー・モデルとして約65匹のペットが採用されており、2年ごとのモデル募集時には約1000匹以上の応募が殺到する。

「iDog&iCat」が大きな成功を収めているのは、ペットの飼い主とショップとの間に必要以上に楽天が入りこまなかったからだと僕は考えている。僕らは買い物客と出店者とを結びつけた後は身を引き、魔法が起こるのを見守るのだ。

社員をエンパワーする

先に述べたとおり、僕が言う社員に対するエンパワーメントは、一般的なものと少し異なる。

1990年代末期から2000年頃のドット・コム時代とも呼ばれるITバブル全盛のころ、優れた頭脳を求めていた雇用者たちが餌につかったのがエンパワーメントだった。彼らは、社員にささやかな個人的自由を与えた。たとえばリラックスした服装で出勤することやオフィス以外の場所で仕事をすること、あるいは就業時間のフレックス制などを許可したのだ。このような取り組みはすべて社員たちを「エンパワーする」と見なされた。しかし、これが本当のエンパワーメントなのだろうか?

僕にとって、社員のエンパワーメントとは、最高の仕事を達成するためのチャンスを彼らに与えることだ。僕やほかの上司の束縛から彼らを解放することなのだ。

それを実行するにはどうすればいいだろうか?

僕の第一のアプローチは、ある程度の権限や裁量を与えたプロジェクトチームを立ち上げ、社員の間でのコラボレーションを促すことだった。楽天では、問題を解決したり新しいアイデアを出したりするために、上司と社員個人のみでプロジェクトを抱えるのではなく、チームで取り組むように推進している。ただし、このアプローチは会社が大きくなるにつれて難しくなってきている。社員の数が1人や2人、多くても10人程度だったころ、彼らに新しい課題に挑戦させるのはさほど難しくなかった。彼らがどのようにそれぞれの課題に取り組んでいるのか、簡単に把握できたからだ。しかし、今や楽天は世界各国にまたがって1万人以上の社員を擁している。全社員の行動を細かに追跡するのは不可能だ。

社員の状況を把握するために、統制を強化し、指示を徹底するという選択肢もあるだろう。しかし、それでも本当に必要なのはエンパワーメントだ。それが僕の基本的な信念なのだ。コントロールするよりも、自由を与えることのほうがずっと重要だと僕は信じている。

社員をエンパワーする第二のアプローチは、致命的な失敗を防ぎ、かつ万が一失敗しても次の挑戦を可能にする組織やマネージメントの仕組みを作ることだ。

たとえば野球ではストライク三つでアウトになる。一方、楽天の社員は、必要なら何回でもバットを振ることができる。失敗はフィールドを去る理由にならない。もしミスしたら、もう一回打席に立てばいいのだ。

僕が楽天のビジネスを立ち上げたとき是非とも実行したかったことの一つは、何度でも打席に立てる会社の仕組みを作り上げることだった。やり直しの利く仕組みは楽天における決定的に重要な要素と言っていい。このおかげで楽天社員は絶対にギブアップしないよう励まされるのだ。ビジネスがつづく限り、社員はフィールドで、ボールに対してくり返しバットを振ることができる。何度もトライできるのであれば、失敗に終わることはあり得ない。ただし、このことを社員に上手く伝える必要がある。それが上司の役目だ。

社員をエンパワーする第三のアプローチは、社内公用語の英語化だ。職場で英語を用いる利点の一つは、文法的な曖昧さを許さない英語のほうが率直なコミュニケーションをとれることだ。楽天の取締役の一人によると、英語を使うと、若く野心的な社員が、無難で日和見的な意見ではなく、自分の本当の考えや意図するところを、自信を持って述べるようになるという。この取締役が語ってくれたのは次のようなエピソードだ。

新入社員に「明日は雨？」と日本語で訊ねると、「晴れたらいいですね」という答えが返ってきた。彼は、知りたいことを教えてくれたわけではない。たしかに言葉を返してきた。しかし、問いには返答していない。日本語という言語は、特に会話において、当事者があいまいで日和見的な立場をとることを許す傾向がある。

しかし、先の質問は情報を求めたものだ。したがって、この場合、日本語は有用ではなく、また会社にとっても有用ではない。

次に、同じことを英語で質問してみた。

「Will it rain tomorrow?」

すると、最初の返答からして違う答えが返ってきたという。英語の文法構成上、新入社員はまず「Yes」、「No」または「Maybe」のどれかを言わなければならなかったからだ。

それでもおそらく正確な天気情報は得られないだろうが、それでもかまわない。職場で英語を用いると、自然と会話が率直で具体的になる。つまり、「Yes」または「No」と回答せざるを得ない状況を作りやすい。

自分が慣れ親しんだ母語の習慣を捨て去るのは簡単なことではない。しかし別の言語に切り替えればまったく新しいコミュニケーションのルールを身につけることができる。そこで僕らは、より率直で具体的な会話を可能にする英語を利用することにしたのだ。

英語でビジネスをするもう一つの利点は、日本語の枠を超えて思考できるようになることだ。外国語を学ぶと頭の中で自国とは異なる文化に触れることができる。それによってビジネスを新しい視点でとらえられるようになる。

国際語である英語を話せるようになれば、国境を越え、より多くの人たちと、深く付きあうことができる。母語のあらゆる制約から解放され、グローバルな人脈を築いたり、異なる慣習から学んだりするようになり、エンパワーされるはずだ。これは僕自身、英語力を身につけたときに実際に感じたことだ。この経験が今も僕を突き動かし、さらに別の言語（たとえば中国語）を学ぶ原動力となっている。

社員へのエンパワーメントは収益の面でもいい効果をもたらす。トップダウンではなく社員同士による組織横断的なコラボレーションの奨励など、社員をエンパワーするような手を打てば、最高の人材を維持・獲得することができる。優秀な社員を金銭的報酬だけで釣ろうとすると、彼らはより多くの金銭が得られる働き場所を見つけるとすぐに出ていってしまう。金銭的報酬に頼る雇用戦略は得策とはいえないのだ。

一方、優秀な社員にベストな仕事ができる環境（たとえば組織横断的なコラボレーションのある環境）を用意してやると、彼らは自ら挑戦し、冒険し、創造できる職場にいることに気がつく。そしてその職場にとどまるべき真の理由を見いだすのだ。

「KPI」での目標達成がいかに大事か

僕がエンパワーメントについて語ると、友人のビジネスパーソンたちからこんな答えが返ってくることも珍しくない。

「君の会社だからうまくいくかもしれないけれど、僕の会社では同じことをやったら混乱に陥ってしまうよ」

たしかに、みんなに好き勝手にさせれば混乱状態になるだろう。僕が提案しているのはそんなことではない。もちろん楽天でもそんなことを実践しているわけではない。楽天は、混乱を避けつつ、社員をエンパワーする方法を模索してきた。そうして僕らが見つけたのは、エンパワーメントを、具体的な数値目標を実現する情熱と一体化させるという方法だった。

楽天では、社員が日々のモチベーションを高める手段として、具体的な数値による指標と評価基準を利用している。指標と評価基準をいろんな場面で取り入れることで刺激を生み出し、社員個人、プロジェクトチーム、あるいは会社全体が大きな成功を手に入れられるのだ。

どの企業にも頻繁に使われる略語があるものだが、楽天にとって大事な略語はKPIだ。これは、社員がそれぞれ中間目標を設定し、その目標が達成されたかどうかを明確にするための数値だ。KPIは、楽天の成長に合わせ、ますます重要性を増してきた。というのも楽天の目指すゴールがどんどん複雑になり、社員がモチベーションを維持し、なおかつ目標達成に集中することがなかなか難しくなってきたからだ。

野心的な組織はいつも大きなゴールを設定する。そのゴールを達成するには、ゴールに至る過程をいくつかのステップに分けなければならない。そしてそれぞれのステップが達成されたかどうかを誰にでもわかるように数値によって具体化しておく。そうしなければ、社員は何から実現していけばいいかわからず、ゴールにたどり着くまでに何度も混乱してしまうだろう。KPIは、各ステップを具体的な数値で表し、社員一人一人がいつまでにどの指標が達成されたのか、残されている指標はどれなのかを把握しやすくするためのものなのだ。

たとえば、KPIを使えば、営業担当の社員が達成した内容について、どれくらいの数の契約を交わし、どれくらいの数の新規顧客を開拓したのかを具体的な数値で見ることができる。これは、個々の社員が自分の仕事の達成度を測るためだけではなく、会社全体がより大きなゴールに向かって達成すべきステップを確認するためにも役に立つ。

組織が大きくなればなるほど、そのゴールも大きくなる。ゴールが大きくなると、社員には、小さなタスクはあまり重要ではないように思えてしまう。つまり、社員には自分個人に与えられた仕事が、会社全体のゴールと照らして重要さに欠ける気がしてしまうのだ。この感情は、放っておくと社員の間に広がっていき、組織全体のパフォーマンスにも影響を与えることになる。実際、潜在的な能力は高いにもかかわらず、大きな会社が勢いを失っていった例がこれまでにいくつもある。会社が巨大化したことによって、個々の社員が自らの仕事に無力感を覚えてしまうこともその原因の一つだろう。

ＫＰＩは、個人の仕事と組織全体のマクロな仕事との架け橋となる。つまり、個々の社員が日々取り組む小さな仕事と会社が数年をかけて達成する大きなゴールとをつなぐ連結点なのだ。ＫＰＩは上司が設定する場合もあるが、社員が個人のゴールを達成するために個別に設定する場合もある。

社員に指標を見せて、今、ゴールにどれほど近い（あるいは遠い）状態にあるかを説明し、彼らの努力がどのような結果を生んでいるのかを明らかにすれば、彼らもじっと突っ立って指示を待つことはなくなるだろう。指標を数値で示せば、すべての社員が現状を客観的に理解できる。部署の売り上げが目標値に達していない場合、これを数値として確認すれば、後は何をすべきか、指示を待たなくてもおのずとわかるはずだ。

一日単位のゴールにせよ、数年後のゴールにせよ、進捗状況を数値で把握することは重要だ。ゴールは具体的で特別なものでなければならない。

１９６1年5月25日、ジョン・Ｆ・ケネディは１９６０年代のうちにアメリカが月への有人飛行を成功させると宣言した。この背景には、いわゆる「スプートニク・ショック」があった。当時のソビエト連邦が世界で最初に人工衛星「スプートニク」を打ち上げたとき、アメリカはまだ人工衛星を打ち上げる技術を持っていなかった。敵国ソ連に先を越され、アメリカ国民は意気消沈していた。ケネディのスピーチの1ヵ月前には、追い打ちをかけるようにソ連は有人飛行も成功させていた。世界で最初に地球を宇宙空間から眺めた人物は、ソ連のユーリ・ガガーリンだった。

月への有人飛行の実現を宣言したケネディのスピーチには、アメリカ全体に広がったショックを払拭するという狙いがあった。このスピーチほどアメリカ国民の気持ちを高ぶらせたものはなかった。9年という期限を設け、この計画が、「いつか」ではなく、「この10年の間に」達成されることを国民に約束したのだ。じつに大胆なスピーチだった。

「宇宙開発に最善を尽くして取り組みます」というほうが慎重で賢い選択だったのかもしれない。しかし、NASAは、月への有人飛行という途方もなく大きなゴールに向かって、実際にそれを実現する期限という具体的な指標を設定した。大きなゴールを設定することは組織のメンバーにやる気を起こさせるためにとても重要だ。ゴールが小さいと、それを達成して得られる感動も小さいだろう。しかし、大きな目標を掲げ、そこに向かって進んでいけば、目標を達成できたときの見返りはとてつもなく大きくなる。コーチが選手に檄《げき》を飛ばすとき、「速く走れ!」よりも、「勝利に向かって走れ!」と言うほうが効果的なのだ。

大きなゴールを達成するには長い時間がかかるが、それでも指標を設定し、進捗状況をチェックする必要がある。ゴールが遠くとも、NASAの職員や研究者が毎日、少しでも月に向かって近づいていることを感じられるなら、モチベーションは維持できるのだ。社員の成績を「数値で管理する」というと、エンパワーメントしようとしているのではなく、社員をコントロールしようとしていると誤解されることも少なくない。しかし、実際はその逆だ。数値のおかげでみな今何が必要なのかを瞬時に把握できるのだ。

成功への道が開かれるかどうかは最終的にはエンパワーメントと指標の組み合わせにかかっている。多くの企業は職場をエンパワーして会社が混乱に陥ったり、社員が自由な環境に乗じて仕事を怠けたりすることを危惧している。

しかし、僕の経験からいえば、最高の人材を雇い確保しておきたいのであれば、職場にエンパワーメントは不可欠だ。金銭的報酬がすべてではない。最近は、優秀な人材のほとんどが給与プラスαのものを求めている（たとえ給与が相当な額のものであるにしても）。彼らは評価と信頼を求めているのだ。彼らにこう言ってみよう。

「自分たちでベストと思う方法を考え、仲間とチームを組んで世の中をあっと言わせるようなものを生み出してみろ！」

彼らのモチベーションは最高潮に達するだろう。彼らが成功するとき、僕らは、かつてあのお米屋さんが成功したときに見たものと同じものを見るはずだ。それは彼ら自身の誇りだ。

自分をエンパワーする

エンパワーメントは他人から与えられるものだと思われがちだ。たとえば、上司から決定権を与えられたり、政府から投票権を与えられたり、あるいは会社から製品を独自に改良することを許可されたり……。

しかし、僕が、人生と仕事の両方で最も成長できたのは、自分自身をエンパワーしたときだった。

僕は30歳まで、日本興業銀行に勤めていた。この仕事にやりがいと誇りを感じていた。だから大学で学んだ経験を活かし、自らの持てるすべての集中力とエネルギーを注いで懸命に働いた。

しかし、僕はその仕事を辞め、自分で起業する道を選んだ。軽はずみな気持ちで決めたわけではない。当時のキャリア上の選択肢と、自分の希望する進路を何度も検討した。そのうえで、最終的に起業する決断をしたのだ。

誰に何を言われたわけでもなく、自分で下した結論だった。実際、父や親しい一部の同僚、友人を除けば、多くの周囲の人たちは起業するなどという馬鹿げた夢は捨てて銀行にとどまるようアドバイスしてきた。僕の決断を支持してくれた人は多くはなかった。だからこの時、僕は自分で自分をエンパワーする必要があった。多くの支持は得られなくとも、これが自分の進むべき道だと決心しなければならなかった。何が何でも自分のゴールを達成するぞ、という覚悟を決めなければならなかったのだ。

自分で自分をエンパワーすることは、他人をエンパワーすることよりも難しい。これまで自分が学んできた慣習やルールと戦わなければならないからだ。そうしないと自由に思考したり、大胆なゴールをかかげたりすることはできない。

自分をエンパワーする方法の一つは、精神を解放することだ。エンパワーされた状態で実際に行動するには、前提としてエンパワーされた状態で思考することができていなければならない。そのためには学校で学んだことや仕事を通じて獲得した技術などをいったん忘れて、精神を完全に自由にしなければならない。

もう一つの方法は海外で学ぶことだ。僕は伝統的な日本のビジネスのルールを打ち破りたいと思っていた。そんな思いをさらにかき立て、僕の計画を実現する手段とヒントを与えてくれたのがハーバード・ビジネス・スクール（ＨＢＳ）のＭＢＡプログラムだった。

ＨＢＳではさまざまなことを学んだが、いちばん大事なことを学んだのは教室の外だった。留学中、僕はアメリカに根付いていた起業家精神に直に触れた。特にＨＢＳは、次世代の経済界を担うリーダーたちが学びに来る場所で、授業以外の彼らとの交流でも多くの学びがあった。彼らから学んだことの一つは、重要なのは企業の規模ではなく、自分がどのような価値を作り出せるかということだ。個人がビジネスにおいて何を作り出せるかという観点に、僕は驚き、大きく勇気づけられた。周囲を見渡すと、この観点は何もハーバードだけで浸透しているものではなく、アメリカでは普遍的な真実であることもすぐにわかった。そしてアメリカでは、自分の独創性を活かして何かを生み出した者が尊敬されてきた。また、その多くが自分で会社を起こしていた。

日本とは正反対の成功のコンセプトをアメリカで知って、僕の考えは劇的に変わった。ビジネス・スクールでの経験が、僕を大いにエンパワーしたのだ。

こうして僕は、周囲の反対を押し切って起業する決断をすることができた。さらにこの留学がきっかけで、僕は慣習や伝統の枠を超えて自由に発想できるようになった。そのおかげで僕は、固定観念にとらわれないたくさんの選択肢を思考できるようになった。この思考の膨らみを他人に教えることはできない。自らの体験で育んでいくしかないものなのだ。

世界をエンパワーする

起業を決めた僕は、世界中をエンパワーする機会がまだ多く残されていると思った。ビジネス、とりわけeコマースの分野に大きな可能性を感じていた。

興銀を退職してまもなく、本城愼之介という若者に会った。彼は有名私立大学の大学院に在籍していて、会った時は興銀を第一志望として就職活動中だった。彼は銀行に関する文献を読み込んでおり、伝統的な銀行に就職して伝統的な日本のサラリーマン生活を送るつもりだったのだ。

本城は情熱的な男だった。興銀への志望動機を尋ねると、こう答えた。

「新しい会社や産業の創出に貢献していきたい」

たしかに興銀は、日本の産業界を活性化させることを第一の目的とする銀行だった。しかし、興銀の役割は終わりを迎えつつあるというのが当時の僕の考えだった。

僕は、本城にその考えをぶつけてみた。

「銀行や商社、大企業が日本の中心だった時代は終わろうとしている。これから新しいアイデアを生み出し、日本を変えていくのは個人や、中小企業だよ」

本城と話し合ううち、僕はいつしか彼に興銀で働くことを志望するよりも、僕といっしょに働くよう説得していた。

本城と会ったころ、僕はどのような仕事をすべきか思案している段階だった。当時僕は興銀を退職して独立していたので、自分をエンパワーするプロセスは順調に進んでいた。退職して最初の1年はコンサルティング業を行い、クライアント企業にM&Aの分野で助言をしていた。しかし同時に、自分の会社の礎になるようなアイデアも模索していた。

アイデアを練るうち、僕はエンパワーメントを実践することによってどのような道を進むことになるのか、よく考えるようになった。そして、エンパワーメントは、個人の野心よりも大きく、そして立ち上げる予定の会社よりもさらに大きなコンセプトであることを徐々に認識するようになった。僕は、エンパワーメントを国内だけでなくグローバルな戦略の柱とすることに決めた。

海賊時代の終わり

「どうして海賊の数がこんなに少なくなったのか?」

かつて、世界中の海で海賊が幅を利かせていた時代があった。ある意味、当時の海賊は商人だった。彼らは敵に遭遇するたびに決断を下していた。略奪するか交渉するか。略奪のほうが利益を得られる場合は略奪した。しかし、敵対勢力と契約を結んだほうが得な場合は、交渉した。これはビジネスの決断と変わらない。略奪をするにしてもそのコストを考えなければならなかったのだ。

世界は広いと思えた時代、海賊は大海原を自由に航海し、恐れることなく行動できた。そして彼らは大いに栄えた。しかし、コミュニケーション手段が発達して世界が「狭く」なると、略奪にかかるコストは高くなり、交渉したほうが得になるケースが増えてきた。

インターネットのおかげで世界は今、さらに狭くなった。このため今の世ではなにごとも交渉せざるを得ない。ビジネス上のライバルに直面したとき、あなたは勝利を目指すか、あるいはwin-winとなる（双方が得をする）条件を探すことになる。

win-winとなる条件の核心には、エンパワーメントという考え方がある。一方が交渉を支配する場合、一方だけが利益を得る。しかし、両者をともにエンパワーできる結論が見つかれば、両者が得をしてともに勝利を収めることができる。これはeコマースの世界でもよく見られる現象だ。

楽天にエンパワーされた顧客は楽天と取引をつづけることを望み、win-winのメッセージを周囲に広めてくれる。たとえば楽天が取り引きしている出店者の一つに「バニラビーンズ」というショップを運営しているチョコレート・メーカーがある。この会社は創業から10年以上経つが、創業初期には次のような課題を抱えていた。（1）繊細に作られたチョコレートが途中で崩れないように輸送しなければならない。（2）真夏の猛暑の時期にも衛生的にチョコレートを輸送しなければならない。（3）製菓の新たなトレンドを見いだし、30種類もある製品に共通したトレンドを取り込まなければならない。

「バニラビーンズ」は独自のビジネスを展開していたが、やがて楽天のエンパワーメント思想を体現してくれた。同社の八木克尚氏は次のように述べている。「世界に幸せを届けることが喜びです」「チョコレートを食べる人だけでなく、チョコレートを作る人、そしてカカオ原産国の人たちすべてに」

２００９年から八木氏はアフリカのガーナからフェアトレードのチョコレート原料を調達している。毎週、「バニラビーンズ」は出荷基準をクリアできない形の崩れたチョコレートをオークションに出し、その収益の90パーセントをガーナの学校建設資金の積み立てに充てている。同社のモットーは「チョコレートで世界を幸せにする」だ。幸せにするのはチョコレートの購入者だけではなく、世界なのだ。

こんにち、海賊の古き伝統は消えつつある。複雑に入り組んだ現在の世界で重んじられるのは、お互いの信頼だ。一方的な略奪の時代は終わろうとしているのだ。強引に利益をつかみ取り、支配するような略奪者ではなく、エンパワーメントと交渉を重んじる者が未来のリーダーになるだろう。

エンパワーメントは顧客を幸福にし、社員にやる気を起こさせ、自分を高め、そしてますます狭くなる世界において創造と繁栄を推し進める原動力なのだ。

楽天流・実践のヒント　２

・まずは自分をエンパワーする。自分が自分の未来について決断を下す権限と責任を持っていることを自覚する。決断に従って行動し、その決断を大事にする。周囲に流されない。自ら努力して積極的に動き、受け身にならない。この最初のステップを上手くこなせれば、ほかのエンパワーメント戦略もスムーズに進めることができるだろう。

・エンパワーメントをあいまいな目標にするのではなく、自分のビジネス戦略に欠かせない要素としてとりいれる。

・結果を数値で測る。これによって社員、関係者全員にやる気を起こさせ、エンパワーメント戦略が進めやすくなる。数値で達成度を測ることにより、現場が目的を見失い混乱状態に陥るのを防ぐことができるだろう。

第3章　グローバル化を進める——成長のルールを書き換える

「ガラパゴス化」という言葉は、日本の特定の商品、あるいは日本社会そのものが、グローバル化から隔絶されて独自に進化している様子を表した言葉だ。もとは、チャールズ・ダーウィンがガラパゴス諸島で観察した、植物や動物がほかの環境から隔絶した島の環境で独自の進化を遂げる現象にちなんでいる。

現在、日本ではこのガラパゴス化が問題視されてきている。これまで、この島国の経済力は、自国民を支えるだけの大きさを持っていた。しかし、この国が国民に提供できる資源はそろそろ底をつこうとしている。次なるステップとして、グローバル化は避けられない。島国思想から抜け出し、グローバルな社会とつながっていくにはどうすればよいかという課題を解決することが、日本のビジネスの成功のみならず、日本社会全体が発展していくために必要だ。

この現実に直面しているのは日本だけではない。グローバル化は、世界中のあらゆる国にとって不可避だ。日本と同じ問題を抱える国にとっても、この状況から抜け出し、新たな市場と新たなアイデアを手に入れる必要がある。また、自国で賄えない資源があるなら、それは他国との貿易によって得るしかない。もはや孤立状態を保てる国は世界に一つもない。グローバル化を無視するままの企業や国家に未来はない。

楽天が社内公用語の英語化とともに、急速にビジネスのグローバル化に大きく舵を切った2010年のはじめ頃、何人かの日本の記者から次のような質問を投げかけられた。

「なぜ今グローバル化を目指すのか?」

この質問を聞いて僕は記者にこう返した。

「あなたが欧米の記者なら、こう質問したでしょうね。『なぜこんなにグローバル化が遅れたのか?』と」

僕にとって、グローバル化の優先度はかなり高い。これに失敗すれば、日本や日本の企業が払う代償はあまりにも大きいからだ。同時に、グローバル化は単に自分たちの会社の利益を大きくする以上の価値があると確信している。次世代の経済システムの礎となるものだからだ。

グローバル化は、英語の普及と似ていると僕は思っている。英語が世界共通の言語になったのと同じく、世界のビジネスにおいて新たなスタンダードとなるものだろう。

これほど重要であるにもかかわらず、多くの会社は本気で取り組もうとしていない。グローバル化とは、単に営業担当者を海外に送りこむことではない。企業精神にグローバル思考を深く浸透させ、企業のゴールをより大きく広げなければならないのだ。

多くの企業がまだ海外進出を軽視しているように見える。海外での展開を真剣に考えられない企業は、当然グローバル化を達成できずに終わるだろう。第3章では、以下のポイントについて、僕たちのグローバル化戦略を紹介する。

・グローバル思考の重要性
・グローバル商品の開発
・グローバルなマーケティング戦略の実践
・海外支社の経営における、「連邦」対「帝国」プロセス
・グローバル人材の育成プロセス

グローバル思考を育てる

海外進出することだけがグローバル化ではない。グローバル化は世界を意識したビジネスプランを描きだしたときからはじまるのだ。

もちろんそれは簡単なことではない。世界の市場よりも国内の市場で仕事をするほうが居心地がいいと感じるのは日本人だけではない。どこの国の人でもグローバル化をためらう気持ちは起こるだろう。国際舞台でミスを犯せば、回復するのは高くつくし、評判にも傷がつく。だから準備が不十分なまま国際舞台に出ることはお勧めしない。グローバル化はよく練

られた計画に沿って行われなければならないのだ。

世界のニュースを集める

グローバル化の第一ステップは、情報を集める範囲を世界に広げることだ。国内の情報源から得られるのは、当然国内の市場が関心を持つ情報に限られる。特に日本ではそうだ。国内メディアは速さを競うスクープ合戦には精力を注ぐが、広い視野で熟慮を重ねた意見や分析を伝えることには熱心ではない。これに対して、欧米のメディアは中身の濃い意見や分析を多く取り上げている。

国内メディアには情報の幅に限りがある。したがって世界で今何が起こっているかを正確に理解しようと思ったら、定期的に海外のメディアに触れなければならない。外国語が使いこなせなくても辞書を片手にじっくり時間をかけて読む価値はある。海外から発せられるニュースは、海外でビジネスを行うのに必要な具体的なデータを教えてくれるし、注目すべき重要な話題や、ビジネスに影響を及ぼしそうな社会動向に関する情報も提供してくれる。国内のメディアだけに依存していたら、世界の趨勢からは周回遅れになってしまうだろう。

世界のニュースを見るときは、自分のビジネスにプラスになるかどうかにとらわれず、創造的な事業につながりそうなアイデアにも目を向けるべきだろう。海外のニュースに触れることで新たな発想、新たな構想、新たな物の見方が生まれる。

それは今すぐビジネスに役立つものではないかもしれない。しかし、あなたの心は新たな可能性に向かって開かれていくだろう。次に競争環境を一変するような情報を手に入れたときには、うまく使いこなせるようになっているはずだ。そう、思考からグローバル化しよう。そのために必要なのは、海外のさまざまな思考に触れ、体感することなのだ。

生きた情報を集める

ただし世界のニュースに目を通すだけではグローバルな思考を鍛えるには不十分である。メディアが伝えるニュースは、どんな一流の新聞であっても、それは二次情報だ。ニュースを裏付ける一次情報源も確保しておくべきだ。

たとえば、食品に関わるビジネスで、一次情報源になりうるのは農家や食品の小売業者だ。彼らは市場の生きた情報にどっぷりつかっているから、有用な情報を持っている。消費者の動向を把握するのに必要なことが、すべて新聞に書いてあると期待してはいけない。消費者と直接話して、彼らの豊かな体験に基づく情報を引き出すことも必要なのだ。

要は自分独自の情報ネットワークを作り上げることだ。新たな情報源からデータを得て、自分のニュース・フィードに取り込むのだ。小さな輪から飛び出て、外の世界で何が起こっているかを学んでみよう。

それには興味のある国や地域を旅することをお勧めしたい。価値ある情報を得たいなら実際に現地を訪れるのがいちばんだ。１８００年代半ばの明治維新のころ、知識人たちが外国に行くには長く危険な航海が伴った。それでも彼らはアメリカやヨーロッパの近代化を自分で見聞きするために現地に向かった。当時の日本の発展は、彼らが苦労して持ち帰った経験が原動力だった。

なぜ、それほど困難な旅をする必要があったのか？　海外の文献を読んだり、日本にいる欧米人に話を聞いたりすることは当時も可能だった。しかし彼らには、それでは不十分であることがわかっていた。二次情報から得られる知識だけでは、絶対に欧米を理解することができないことを知っていたのだ。なんといっても直接経験したことの衝撃や臨場感は、文献や人の話からでは得られないものだ。

僕は仕事を通じてこれと同じことを何度も経験してきた。今僕は毎月2回ほど、海外出張に行っている。移動時間は明治維新のころに比べれば格段に短くなったが、会社の運営にはやや支障が出る。僕が東京と時差のある場所に滞在すると、東京での意思決定プロセスなどに少なからず影響が出る。家族と離れてしまうことにもなる。仕事においても私生活においても、海外出張はいくらか犠牲を伴うのだ。

しかし、それでもグローバル思考をつづけるには海外出張が不可欠だ。僕は海外出張のおかげで東京のオフィスにいたままではけっして得られない経験をいくつもしてきた。

スペインに短い出張に出かけたとき、空き時間にバルセロナの市場を歩いて回ったことがある。並べられた商品の色使い、商人や店員たちのエネルギー、客と店員のおしゃべりなど、見るもの聞くものに大きな刺激を受けた。どうすれば、このようなすばらしい刺激をオンラインのマーケットでも実現できるだろうかと考えずにはいられなかった。バルセロナの市場に満ちているエネルギーと、五感に訴えかけてくる楽しさをオンラインの買い物客に伝えるには、何が必要だろうか？　こんなインスピレーションは、日本にじっとしていては得られなかっただろう。出張に出る前に東京で「楽天市場」にアクセスしたときは、サイトのデザインに特に問題はないと考えていた。しかしバルセロナの市場を目の当たりにした後、現状に満足はできなくなった。バルセロナの市場で得た「一次情報」を基に、サイトのデザインと販売環境を大きく変えたのだ。

世界の成功体験を研究する

企業が成功を収めるのになにか秘訣があるだろうか？　グローバル市場で勝つには、世界の優れた経営者について研究する必要がある。日本のビジネスパーソンはもっと海外企業の成功秘話に注目すべきだ。

日本人は国内企業の成功のことはよく知っていても、世界の舞台で成功している企業について、同じように詳しく語ることのできる人はそれほど多くない。おそらく、国内での成功が理解しやすいのに対して、世界的な成功の話は複雑なのだろう。

単に運がよいだけでは世界的成功は得られない。世界のトップに立つ企業にはやはりそれなりの理由がある。その理由をつきとめ、自分のビジネスに応用する術を身につけるべきだ。

グローバルな思考を身につけると、グローバル市場で利益を上げるチャンスが得られるだけでなく、世界で成功した経営者たちの実例を学べるという利点もある。

グローバル商品の開発

楽天が海外展開を本格化したとき、「なぜ今グローバル化を目指すのか?」と僕に質問した記者たちを思い出してほしい。

この問いに真面目に答えてみよう。

「一つは、さらに成長していくには新しい市場、つまり海外に出ていく必要があるからだ。しかし最大の理由は、楽天が世界で勝負できる商品を持っていることだ」

こう言うと、「楽天みたいな会社がいったいどんな『商品』を持っているんだ?」と疑問に思う人もいるだろう。たしかに楽天はトヨタ自動車や三菱重工のようなメーカーではない。工場も持っていないから実体のある商品を作ることもできない。しかし、僕らはたしかに商品を持っていて、それをグローバル市場に輸出している。その商品とは、楽天という組織だ。

楽天には、世界に誇れる二つの強みがある。一つは自社で開発した技術的プラットフォーム。もう一つはこのプラットフォームを活用して運用するための管理システムだ。これらが組み合わさって「楽天」という一つの強力な商品が形成されている。

プラットフォームの維持と刷新は楽天にとって最優先の課題だ。プラットフォームは創業時から重要な存在だった。楽天も初期にはたった一つのサーバーしか持っておらず、そのサーバーは僕が秋葉原に足を運んで買い付け、オフィスに運んだものだった。

今では楽天はデータセンターをいたる所に持ち、各データセンターには数千のサーバーが収容されている。一つのデータセンターは、それだけでオフィスビル一棟を占領してしまうほどの大きさだ。データセンターに入ると、僕はいつもその冷気とマシンの唸る音に興奮してしまう。といっても、広大なインターネット全体からみれば、この巨大なデータセンターはほんの小さな一区画を占めるにすぎない。

しかし、楽天のプラットフォームが成長するにつれ、僕はこれを新たな市場で活用すべきだと考えるようになった。実際、僕らは新しい国に進出すると、その国の人々に、楽天のプラットフォームを導入できること、それによって彼らも世界の新たな市場に進出できることを説明する。また、小売業者が自ら思いどおりに店舗サイトをカスタマイズし、消費者と直接やりとりできるシステムを開発してきた道のりも説明する。エンパワーメントというコンセプトは世界中で受け入れてもらえる。そのおかげで、僕たちの技術と「グローバル商品」は、世界的な魅力を持ち得る。こうして楽天は新たな市場に参入していくのだ。

インドネシアでは、進出初期はパートナー企業を見つけてジョイント・ベンチャーを立ち上げた。マレーシアでは完全にゼロの状態からビジネスを立ち上げていった。どちらの場合も、独自の技術があったからこそ楽天は現地で新たなビジネスを立ち上げ、成長するチャンスに恵まれたのだ。また、これらのチャンスは楽天だけではなく、僕らの新たなパートナーとその顧客たちにも恵みをもたらしたはずだ。

僕らは、この技術＝商品に一流メーカーの戦略をどんどん取り入れて磨きをかけている。たとえば、トヨタが定期的に「カイゼン」と呼ばれる改革運動を行っていることは有名だ。彼らは成功しても、その成功にあぐらをかくことなく、よりよい自動車を作ることに心血を注いでいる。それがトヨタの哲学なのだ。楽天も自分たちの技術に対して同じように考えている。たとえ今成功した商品だとしても、成功を維持し、さらに発展させていくためには常にメンテナンスをつづける必要がある。インターネット技術の進化のスピードを考えれば、「カイゼン」は、おそらく自動車産業よりもインターネットビジネスにとって重要なコンセプトのはずだ。

楽天が培ってきた技術を常に改良しつづけるため、僕は社の研究機関として楽天技術研究所を設立した。研究所にはエンジニア、デザイナー、コンピューター・スペシャリストが集まり、日々革新的な変化を生み出そうと、最先端のインターネット技術の研究・開発に取り組んでいる。その成果は楽天のビジネスと顧客に大いに役立つだろう。

楽天技術研究所は僕らの成長の起爆剤だ。既存の技術だけでどんなに新たな成功を生み出せたとしても、研究所から出されるアイデアが「もっとやれる！」と僕らの背中を後押ししてくれるのだ。改善の余地は常にある。研究所は東京、ニューヨーク、パリに展開していて、世界中から研究員を採用している。また、北京、サンフランシスコ、シンガポール、インドには開発拠点もオープンした。楽天グループの各国・地域におけるサービス展開の役に立つ発想や知恵を生み出すことを目的とした組織だ。

楽天の商品は技術だけではない。楽天の管理システムも、技術と切っても切り離せない商品だ。技術がコインの表とすれば、管理システムはコインの裏として、ぴったり結びついている。技術と同じく強力な組織による管理システムも、創業当初から僕たちが苦心してつくり上げたものだ。組織作りには長い時間が必要だったし、僕たちが成功するために絶対に必要なものだった。

その根幹にあるものこそ僕が「楽天主義」と呼ぶコンセプトだ。

「楽天主義」は、具体的には次の５つの「成功のコンセプト」で成り立っている。

『常に改善、常に前進』
『Professionalism の徹底』
『仮定→実行→検証→仕組化』
『顧客満足の最大化』
『スピード!!　スピード!!　スピード!!』

この5つのコンセプトについては、企業文化についての章でより詳しく説明する。ここでは、これらのコンセプトが楽天という組織を導き、世界で成功するための重要なカギになるものとだけ言っておこう。

楽天は、新たな市場へ進出するとき、いつも最新のテクノロジーと強力な企業組織をもって臨む。僕たちは自分たちの強みと、自分たちがやりたいビジネスについてよくわかっている。だからこそ、海外の取引先に魅力的な商品を提示することができるのだ。

グローバルなマーケティング戦略を練る

世界に通用する商品を持っているなら、世界市場に打って出るべきだ。ただし進出しようとする国にあわせ、その市場に向けてのメッセージをそのつど作り変えなければならない。

それは身を削るような努力を強いられる作業だ。

どうすればこれをうまく進められるだろうか？　重要なのは商品の細かい点に気を取られず、「なぜ人は商品を買うのか」に焦点を当てて考えることだ。この商品は、売り手と買い物客をどう結びつけられるのか？　結局、この問いが戦略の出発点となる。

楽天にとってのもう一つの商品は、サービスだ。僕が頭に思い描くサービスは、多くの人がサービスについて抱くイメージとは違っている。「適正な価格で商品を提供し、滞りなく売買の手続きを行う」といった当たり前の心得を述べるつもりはない。

僕がここでいうサービスは、いわゆる「おもてなし」と呼ばれるものだ。この言葉のニュアンスを外国の人々に正確に伝えることは難しい。あえて英語で近い意味の言葉を挙げると、「service mindset（サービス精神）」だが、おもてなしは、西洋における顧客へのサービス提供の概念を超えている。おもてなしは、サービスを提供する側の精神の奥底に関わる言葉だ。ただ顧客サービスに適した行動をするだけでなく、常に心をこめて顧客に尽くすこと。顧客へのサービスに心身ともにどっぷり浸るのだ。それも顧客に接するときだけでなく、いつもだ。おもてなしとは、一時的ではなく、顧客との関係全体を支配する行動なのだ。

日本のホスピタリティの場において、おもてなしは広く知られている。ホテル、旅館、料亭、日本の伝統芸能といったあらゆる場に浸透しているのだ。楽天が世界の市場で存在感を高めるにつれ、僕はおもてなしを楽天の業務全体に浸透させたいと考えるようになった。単にｅコマース業界で無難に取引を進めるだけでは僕らは満足しない。常に、顧客に対してできることは何かを考えていたいのだ。

新たな国に進出すると、現地の人たちからいつも次のような反応が返ってくる。「楽天って何?」「三木谷浩史っていったい誰?」「なぜこの会社と取り引きしなければならないのか?」「なぜこの会社を我々の国の経済に受け入れてやらなければならないのか?」

それに対して楽天はおもてなしというテーマを掲げて新たな市場に参入し、「何なりと御用をお申し付けください」と言う。こうして楽天はほかのインターネットサービス事業者とは異なる会社として認識されていく。競合他社などの会社が市場に参入するとき、彼らがマーケティングで最も重視するのは効率性とスピードだ。もちろん楽天も効率性とスピードを高めるべく奮闘しているし、その重要性は十分に認識している。しかし、効率性とスピードの追求は僕らの存在価値や、僕らが新たなグローバル市場で築き上げたいものとは異なる。

おもてなしという言葉こそ、楽天が日本を飛び出て活動するときの核心を表している。「楽天って何?」という問いに対する答えは「おもてなしを提供する企業」なのだ。

「帝国」戦略ではなく「連邦」戦略を

グローバル市場でのビジネスを展開するとき、楽天はユニークな戦略を採用している。僕たちは、「帝国」戦略ではなく、その対立概念である「連邦」戦略を採っている。この戦略こそ、長期的な繁栄の土台であり、僕らのエンパワーメントのコンセプトから生まれたものだ。

多くの企業は、新たな国際市場に参入する場合、参入先の国の企業を買収する（楽天も買収を行っている。その過程については後の章で詳しく述べる）。そして、そのとき買収した企業に対して帝国的な振る舞いを見せる。

彼らは本社から買収した企業に役員を送り込み、主導権を握らせる。その企業が現地の販売会社との間に築き上げてきた長年の信用を断ち切り、ゼロからのスタートを強いる。つまり彼らは、新しい国に自社のコピー会社を作ろうとするのだ。こうしたやり方は、少なくとも僕の目には、もとの企業が持つ多くの潜在的な利点を無視し、新たなリスクを招くように見える。

楽天が新たな市場に参入する際の指針はエンパワーメントとパートナーシップだ。僕らは協力体制を意識しながら買収した企業に入っていく。

楽天と買収先の企業双方の未来をよりよくするために何ができるだろうか？

Buy.com（現在はRakuten.com）を買収してアメリカのｅコマース市場に参入したときのことだ。買収の目的は、同社と協力して彼らが築いたネットワークをさらに大きく育てていくことだった。楽天が日本で行っているように、彼らも小規模、中規模の出店者で構成されるインターネット・ショッピングモールを運営していた。買収後、Buy.comに出店する小売業者に対する説明会の冒頭で、僕は楽天の狙いをＳＦ映画の『スター・ウォーズ』にたとえた。「連邦vs.デス・スター」というタイトルの架空のアニメ（楽天が連邦側で、競合他社がデス・スター側）を使って説明したのだ。みんな笑ってくれたが、そこに込めたのは真面目なメッセージだった。そのアニメは僕らが目指す成功へのプロセスとゴールを象徴していた。楽天が海外進出するのは海外の企業を乗っ取るためではない。僕ら全員が互いにエンパワーしあい、楽天の「おもてなし」ブランドを世界に伝えるためだ。たしかに、連邦を運営するのは容易ではない。楽天も帝国的になったほうが、多くの問題を単純にかたづけられるかもしれない。しかし、そんなやり方は楽天の使命に反する。楽天は、エンパワーメントによって成長してきた。それをグローバル市場に伝えるのが僕らの使命なのだ。

買収先の企業と協力関係を築く連邦的なアプローチで新しい市場に参入すると、こちらが教わることも多いことに気づく。

たとえば、インドネシアでビジネスをはじめたとき、現地の人々はネット上でクレジットカードの番号を入力するのにためらいがちであることがわかった。詐欺に遭うのではないかといったような、eコマースに対する不信感があったのだ。調べてみると、現地の人々はネットショッピングに興味を持ち、実際に楽天のサイトを訪れてネット上のショッピング・カートに商品を入れるのだが、その後、購入手続きをしないのだった。そこで現地のパートナーから、商品着払いのシステムを採用したらどうかというアイデアが持ち上がった。このアイデアどおりに僕らはスクーターによる配達チームを編成し、彼らに携帯型の決済装置を持たせ、買い物客の自宅を訪問させることにした。

こうしてインドネシアの買い物客は最初にオンラインで商品を選び、次に配達人がその商品を持ってきたときに配達人と直に金をやりとりするようになった。おそるおそるクレジットカードの番号を入力せずとも、この方法で商品を購入することができるのだ。当初、これは少し変わった支払い方法のようにも受け止められたが、実際にはうまくいった。着払いシステムは成功したのだ。その結果、楽天は新たな市場で顧客の信用を得ることができ、ビジネスを軌道に乗せることができた。

やがて僕らはインドネシアでオンラインショッピングの決済に対する不信感を取り除いた実績を買われ、同じ問題を抱えるほかの国々からも、彼らの市場に参入してほしいというオファーが舞い込んできた。自分はすべてを把握しているという「帝国的」な考えで企業買収をしても新たに学ぶことはないだろう。しかし、パートナーとともに「連邦」を築こうとすれば、新たなパートナーが驚くほど多くのことを教えてくれるはずだ。

グローバル人材を開発する

現在の楽天の規模は、創業初期に僕が率いた6人のチームのころとあまりにも違う。現在、楽天は日本をはじめとする14の国と地域でeコマース事業を、その他のサービスも含めると28の国と地域でビジネスを展開している。社員の数は1万1千人を超え（契約社員やパートタイム社員を含む）、国籍は60以上だ。

僕らはこの多様性をさらに豊かにしようとしている。現在、楽天社員の16パーセントが日本以外の国の出身だ。僕は、これから1~2年の間にこの割合を40パーセントまで引き上げるつもりだ。ビジネスを展開する国も、社員の出身国も多様性に富んだ、真のグローバル企業。それが僕の思い描く、楽天の将来像だ。グローバル化では、どこで事業を展開するかだけでなく、誰を雇うかという要素も大きな意味を持つ。当然、真のグローバル企業は、世界中から人材を集めなければならない。

楽天を起業したばかりのころ、人材の管理は比較的簡単だった。創業初期のメンバーはたったの6名で全員が日本人で、僕より年下、そして僕と同レベルの学校教育を受けていた。つまり似た者同士だったのだ。

メンバー全員の経歴が似ていたため、僕がやるべきことは単純だった。初期メンバーに、締め切りが迫っているので、全員時間と努力を限りなく仕事に注いでほしいと伝えたとき、誰も抵抗しなかった。僕らは同じ社会で育ち、似た世界観を持っていたからだ。

しかし会社が大きくなるにつれて社員の管理はどんどん複雑になった。特に海外から人を雇う場合、会社の目標達成と社員の多様性が摩擦を起こさないように気を配る必要がある。世界がつながり、職場でも国籍の縛りが消えつつある今日、真にグローバルな人事システムの構築が急務だ。これなくして企業が世界で成功を収めることはできない。同じ文化で育った似た者同士のスタッフだけで仕事をする時代は、もう終わりつつあるのだ。

企業の方向の見極め

あるとき僕は重役たちを集めてグローバルな人事戦略と、今後進むべき方向について話しあった。当初、僕らの人事システムはつぎはぎのように組まれた状態だった。日本の本社にはグローバル人事部が存在していたが、買収した各社にもそれぞれ人事部があり、システムが複雑になっていたのだ。買収した会社から受け継いだ人事部が、少なくともアメリカ、イギリス、ドイツ、フランス、台湾、タイにそのまま残っていた。新たな会社を買収するたびに、人事部がくっついてきたわけだ。

しかし、これまでその会社の人員からの要求を管理してきたシステムをすぐにシャットダウンして、買収した会社の機能を乱すようなことはしたくなかった。なにしろ、彼らの人事部は、これまでに必要不可欠な働きをして会社に利益をもたらしてきたのだ。人材募集や研修のスケジュールを管理し、昇進や昇級といった日常的な労働問題に取り組み、さまざまな問題に対処してくれていたのだ。

しかし同時に、買収した会社に、楽天の管轄する枠の外でそのまま人事部を運営させておくこともできない。楽天という集団の一員になることのメリットは、経済的なものだけではない。僕らは、楽天の人事方針だけでなく、楽天のビジョンと楽天主義を社員に伝えられるような人事部を必要としていた。これは、世界中に個々のオフィスが散らばっている状態から、統一された状態に至るために不可欠なことなのだ。楽天は巨大企業となり、すでに多様性に富む社員がたくさん働いている。これからさらに多様性を増していくだろう。行動すべき時は今しかない。

僕らはこれから進むべき多国籍企業への道のりを検討した。すでに世界中でビジネスを展開し、その多様性を管理するために複数の人事システムを作り上げた会社も数多い。多国籍企業では、主に次の3種類のシステムのうちいずれかが採用されている。

タイプA：中央集権型

多くの企業はこの人事システムを採用している。このシステムは、その企業の出身国内では強固な管理力を持つ一方、支社を監督する本社スタッフには負担が大きい。

中央集権型のシステムは、ピラミッドの頂点に全社をグローバルに統轄する幹部が君臨する構造をとる。その下に本社の管理職がいて、さらに下に支社の管理職や本社以外の国の管理職がいるのだ。本社の管理職は、本社スタッフだけでなく、地方スタッフを監督する海外の会社の管理職に対しても責任を持つ。したがって地方チームと本社チームの両方がグローバルを統轄する幹部に人事の状況を報告する。

このシステムの利点は、厳格に商品をブランド・コントロールできることだ。異なる場所でも商品をうまく均一化することができるのだ。この戦略はある種の輸出製造業に適している。商品やその運搬はすべて本社が調整する。

たとえばアップルのような会社を思い浮かべれば、このシステムが機能することがよくわかるだろう。同社の商品は世界中どこでも同じだ。iPhoneはニューヨーク、東京、リオ・デ・ジャネイロのどこで買っても同じ外見と機能を持っている。単に商品の均一化を管理しているだけではない。均一化という考え方は、経営を貫くテーマなのだろう。アップル・ストアは世界中どこにいても同じに見える。ショップのスタッフは同じ制服を着て、同じトレーニングを受け、同じ商品を売っている。実際、アップルは中古品の販売業者でさえも社の方針から外れないよう厳しく目を光らせている。このような管理のもとでブランドが維持されているのだ。アップルは、こうした管理を十分なレベルで行えない市場にはそもそも参入しない方針をとっている。

同じように、アマゾンもグローバル運営において「ワン・カンパニー、ワン・システム」の方針をとっている。世界のどこで同社のサイトを開いても、同じデザインのページを見ることができる。これこそ彼らが築きあげたトレードマークだ。傘下の販売者の立場では、世界のどこにいても、何を売っていても本社が決めたルールに縛られることになる。

このシステムは、アマゾンやアップルのような企業では、たしかにうまく機能している。しかし、楽天にはあてはまらないだろう。この中央集権システムでは、中央の幹部がすべての人事を管理する。下部組織は人事に関わることができない。本社が各国の支社のスタッフを並行して管理運営し、支社が相互に連動することはないのだ。

このシステムは、固有のブランドを維持したいときにはうまく機能する。しかし楽天が求めるものとは違う。僕らが新たな国に事業展開するのは、単にその国で商品を販売することだけが目的ではない。その国における最も優れたビジネスの実践例を学び、その知識と経験を共有したいのだ。

トップダウン方式には、楽天の精神であるエンパワーメントが入り込む余地がない。この点でも、中央集権型のシステムは楽天には合わない。

タイプB：地方分権型

このシステムは、先の中央集権システムとは反対だ。地方分権では、販売戦略は国や地域ごとに異なっていてもかまわない。国内外の支社、子会社が自立して、国ごと、あるいは地域ごとに特有の問題にじかに取り組むのだ。創業本社は財務しか管理しない場合もある。それぞれの国、地域の幹部、管理職、スタッフの肩にほぼすべての責任がのしかかる。

このグローバルな運営システムでは、統一的な管理はあまりなされない。統一的な管理は、各社の最上レベル（最上級幹部レベル）にしか及ばない。各国支社の代表が定期的に本社に呼ばれ、本社の指示を受けることはあっても、支社の幹部以下の社員は各国にとどまり、そこで働きつづける。

マクドナルドは地方分権システムを採用している。アメリカには世界中の同社の運営を任された幹部がいるが、その一段下のレベルから、決定はすべて現地で下される。中国では現地で幹部、管理職、スタッフを採用する。アメリカと似たようなメニューをそろえる一方、中国独自の商品（小豆サンデーなど）も加えている。買い物客や従業員の問題には現地で対処する。各地方が独立して営業活動を行っているのだ。

しかし、各地に展開するマクドナルドで蓄積された知識や実務処理の方法を共有して応用する努力はあまりなされていない。たとえば、カイロでは、スクーターを用いた配達システムを作りあげ、大きな成功を収めた。買い物客に迅速かつ正確に配達ができるという点で、このやり方は、人口密集地域では効果的だ。しかし、ほかの地域でもスクーター配達システムを採用すべきだと要求されることはない。

地域のエンパワーメントを強化できる地方分権戦略はたしかに魅力的だ。だが、欠点もある。組織全体に一貫した経営姿勢が地方分権型では生まれにくいのだ。楽天はエンパワーメントを推進しているが、同時にグローバル化を進めるうえで社の根幹となる価値観、目的、プロセスはそのまま維持したいと考えている。地域ごとに独立した管理システムを採用してしまうと、楽天が日本で築いてきたものを維持できないだろう。そうなると新たに僕らの傘下に入った会社は、本社で培われてきた使命から切り離されてしまうことになる。

タイプC：ハイブリッド型

残された答えは、タイプAとタイプB、両システムのハイブリッド型システムを作ることだ。つまり中央集権型と地方分権型とを組み合わせたシステムだ。

二つの考え方を組み合わせ、僕らは、楽天傘下の会社を、多様性を保ったまま管理するシステムを作り上げた。ハイブリッド型システムでは、全社の幹部や管理職の地位が完全に統合される。このシステムには各地の幹部や管理職が参加するハイレベルな研修の機会が必要だ。研修で頭角を現した者が統轄管理職や重役クラスまで出世できるような昇進システムを確保しなければならない。こうして誕生したリーダーたちが、次に各地のスタッフを監督するのだ。

ハイブリッド型システムでは、商品戦略は地域ごとに最適化されていく。地元の顧客の需要が商品戦略の土台になるのだ。ただし、各国に対してグローバルな成長戦略を取り入れないということではない。むしろ、グローバル成長戦略は、ITによるネットワーク・システムを通じて各国に伝えられる。ある国で生まれた優れたアイデアが直ちに世界に広がるのだ。

インドネシアのクレジットカード決済問題を配達時の現金決済で対応した事例のように、ある場所での問題解決法が、ほかの国でも使えることは珍しくない。ハイブリッド型システムにおける人事部の使命は、社員同士が気軽につながり、経験を共有できるネットワークの構築をサポートすることだ。

ハイブリッド型システムは、成功を収めている多国籍企業の多くで実践されている。IBM、プロクター・アンド・ギャンブル（P&G）、ネスレなどは、このハイブリッド型システムを用いて、世界中に自社製品の市場を開拓していった。

しかし、他社が使っているシステムをそのまま使う気にはなれなかった。パナソニックやP&Gが成長を遂げたのは数十年前であり、そのころの企業はデジタル技術によるコミュニケーション、国境を越えた商取引などの課題に取り組まなくてもよかったからだ。他社のやり方を学び、参考にすることはできる。だが、楽天はインターネット企業としてハイブリッド型システムをさらに発展させ、楽天独自のシステムを創りだす必要があると僕は考えた。

昇進・研修とキャリアパス

楽天が成長をつづけていくうちに、大きな課題が浮かび上がった。管理職の研修と昇進をどうするかという課題だ。真のグローバルな組織を作るには、昇進モデルをグローバル化して、それまでの昇進システムを変更しなければならなかった。

僕らはまず採用条件を見直した。管理職の研修に参加してほしい人物像はすでに固まっていた。そこに新たに英語の能力を課した。ある上級管理職は、活動的で野心的な（つまり「肉食系」の）新入社員を採用したいと考えている。彼によれば、「肉食系の人間は、チャレンジ精神が強く、一番乗りを望み、おどおどしたところがない。英語はこういう肉食系人間を集めるのに役に立つ」と語る。英語が直接的で具体的な言葉である一方、日本語は、間接的でおとなしく、発言に慎重さが求められるのだ。

さらに彼は「日本語の特徴は文学や哲学の分野では役に立つが、やはりビジネスの世界ではもっと直接的に話すほうがいい」とも言う。採用条件に英語の能力を課すと、直接的で積極性の高いタイプの管理職候補者を集めることができると考えたのだ。

次に、僕らは会社全体を統轄する管理職と幹部を育てるため、二つの人材研修制度を作った。

まず日本人以外、あるいは日本人でもすでにバイリンガルの新入社員には、日本の「楽天市場」部門（日本国内における楽天のｅコマース部門）で2～3年の経験を積ませることにした。「楽天市場」は、楽天の各部門のなかで最も古く、最も発展している部門だ。トレーニングは本社で行われ、彼らはそこで楽天ビジネスの基本的な考え方と、本社の環境を作り上げている要素を一つ一つ吸収していくことになる。

本社でのトレーニングで優秀な成績を修めた者の多くは、次のステップとして「グローバル・トレーニング」に進む。現在、グローバル・トレーニングは12以上の国のうちのどこかの拠点で行われている。楽天は急速に新たな海外市場に進出しているので、トレーニング拠点はさらに増えていくだろう。世界的なビジネススキルを身につけた彼らには大きな可能性がある。

日本人の新入社員のために用意されている研修プログラムもある。楽天はグローバル企業として成功することを目標に掲げているが、社員の大半は日本で生まれ、育ってきた者たちだ。

彼らの研修も日本の「楽天市場」からはじまる。しかし、その研修期間は海外で雇用した社員たちの研修期間に比べて短い場合が多い。日本人の新入社員のうち、優秀な者は日本の「楽天市場」では1～2年の経験を積む。そして次のステップとして、僕らはグローバル・

エクスペリエンス・プログラム（ＧＥＰ）を用意している。これまで海外での仕事を前提とした学校教育を受けていない日本人社員たちに海外での経験を積ませる１〜６ヵ月間のプログラムだ。

ＧＥＰの結果は、社員によってまちまちだ。トレーニングを受けた社員のなかには、プログラム終了時すでにグローバルな職務を担うのに十分な者もいる。彼らは、そのままグローバル業務に配属されるか、将来の配属候補としてグローバル人材リストに登録される。あるいはグローバルな知見も修得しつつ日本語を母国語とする人材として、日本の「楽天市場」で仕事を与えられることになる。

二本立ての研修制度のおかげで、人事部は会社全体が直面している課題を認識することができるし、ゴールへ向けたチャレンジを人事面からサポートすることもできる。楽天には毎年、世界中から多様な人材が集まってくる。言語的・文化的背景も違えば、持っているスキルも違う社員が同時に入ってくるのだ。したがって、一つの研修システムがすべての新入社員に効果的であるとは限らない。研修を一本化することは楽天が現在置かれている現実を無視することになる。

といっても、僕らがビジネス展開している国ごとに個別のトレーニング・システムを実行することもできない。そんなことをしても、すぐ手に負えなくなるにちがいない。あまりにたくさんの研修システムを作ると、楽天の核心をなす文化も失われてしまうだろう。

楽天が培ってきた文化は、楽天の成功の礎になっている。楽天にとってこれはきわめて重要なことなのだ。会社の文化に習熟してもらうことは、人材研修の場においても最重要課題なのだ。

国をまたいだ人事異動も実施している。現在、人材交流は、日本の楽天社員が海外支社に派遣される形が多い。しかし、もっと双方向で社員を派遣しあい、多くの社員に世界で活躍してほしいと思っている。最近は海外から取締役やマネージャークラス、開発チームのスタッフを日本に派遣している。現在は東京がハブとして機能しているが、近い将来、たとえばフランスやタイのそれぞれの支社の間で直接社員の異動が行われるような流れを作りたい。

僕らが目指す最終的な研修システムは、座学とオン・ザ・ジョブ・トレーニング（実地訓練）を組み合わせたものだ。このシステムは競合他社の研修システムとはまったく異なるものになるだろう。講師やメンターから学ぶだけでなく、社員同士が互いから学びあうのだ。この研修システムを実現するには、社員すべてが参加できるオープンなディスカッションの場が必要になる。相互に教えあうためにも、社内情報をオープンにしなければならない。

僕は、何でもあけすけに語りあえる人が好きだ。僕は自分自身オープンな人間だと思っている。楽天もオープンな会社だ。顕著な例を挙げると、「楽天市場」に配属されたばかりの新入社員にも、朝会を通じて毎週ほかの部署の事業実績や活動状況が共有されているのだ。

会社のすべての部門間で共有された成功体験こそ社員にとって最も重要な資産になるだろう。

エンジニアのキャリアパス

インターネット技術が生活の隅々にまで入りこんでいる時代に生きている僕らは、過去にはなかった課題に取り組まなければならない。その一つは、最高のエンジニアを獲得し、つなぎとめることだ。これは事業拡大をつづけるＩＴ会社にとって深刻な問題だ。すべての会社に行き渡るほど、ハイレベルなエンジニアは十分には存在しない。一方で、多くの僕らのような会社が、こうした人材を求めているのだ。

楽天のエンジニアは開発部と呼ばれる部署に所属している。彼らは楽天の発展に不可欠な存在だ。彼らなくして最新テクノロジーを手に入れることはできないからだ。新技術の最前線を走りつづけるには、求める技術に合わせて人事方針を決めなければならない。

楽天がゴールとして設定しているのは、採用と研修の制度を工夫して、開発部に所属するエンジニア全員の活躍の場を世界中に広げることだ。そこで僕らは中核技術を集中化し、すべての開発部が技術を提供しあえる環境を整えた。エンジニアたちがフレキシブルに動けるようにしたのだ。

優秀なエンジニアを獲得し、維持するには、エンジニアに特化した評価制度と報酬制度も必要だ。

高度な技術を持つエンジニアに対する報酬には2種類ある。金銭的報酬と非金銭的報酬だ。

金銭的報酬はわかりやすいだろう。ほかの優秀な人材と同じく、高度な技術を持つエンジニアも、高給、長期のインセンティブ、繰延給与、十分な額の退職手当、残留手当などに魅力を感じる。

一方、非金銭的報酬は、漠然としていて、とらえどころがないかもしれない。ハイレベルなエンジニアたちは、金銭と関係のない報酬を強く望んでいる。実際、彼らのモチベーションに最も深く関係するのは金銭よりも、使命の内容のほうだ。

優秀なエンジニアたちは、自らの努力と貢献を認められたいと思っている。一昔前のエンジニアたちは縁の下の力持ちだったが、そのころと同じ待遇ではもはや通じない。現在のトップレベルのエンジニアたちは、世間から脚光を浴びるようなキャリアパスを期待しているのだ。さらに無形の手当、すなわち経営陣に共感を持てることも望んでいる。競争の激しい職場に身を置いているエンジニアたちは、仕事以上の生き甲斐を求めているのだ。

彼らが欲しているのはやりがいであり、信頼できるリーダーだ。この欲求を満たす役割を担っているのは人事部ではなくリーダーだろう。CEOとして、僕は自分のビジョンを楽天スタッフに伝え、彼らが一つの会社として一体感を持って課題に取り組めるようにサポートする義務を負っている。

トップレベルのエンジニアたちが仕事に求める付加的な要素をまとめてみよう。

・キャリアパス：エンジニアたちは、キャリアをスタートさせた時点での高い地位と、見通しのクリアなプロジェクトへの参加を求めている。物事がなかなか先に進まなかったり、次に何が起こるかわからず不安になったりすることを嫌う。さらに、彼らは決定権を欲している（この希望を完全に叶えることは困難だが）。特権を求め、機械の歯車の一つにされたくないと思っている。こうした条件をクリアするようなキャリアパスを用意することが人事部の課題だ。

・手当：金銭以外の手当も考えなければならない。いわばソフト面での手当である。彼らにとって、この手当は大きな意味を持っている。優秀な人材は、通常の給与以外に、優遇措置を期待するからだ。たとえば社内のしゃれたカフェテリア、フレックス制の就労規則、託児所の設置などだ。カジュアルな服装での勤務の許可も含まれるだろう。エンジニアたちが望む職場を作り上げるには、こうしたことすべてについても検討しなければならない。

試行錯誤のおかげで、今では優れたエンジニアが楽天に集まるようになっている。特にめざましい成果をあげつつあるのは、買収した会社においてである。欧米の大企業で働くエンジニアたちの多くは、自分の会社が買収されると別の会社に移ってしまう。しかし、楽天が買収した会社のエンジニアたちの大部分は会社に留まっている。

アメリカやフランスには、格別に優秀なエンジニアがたくさんいる。僕らは、彼らを日本に連れてくるのと引き替えに、日本のエンジニアたちをアメリカやフランスに送りこむ。最高の学習環境で技術を磨いてもらうためだ。

有能な「職人」たちのモチベーションを理解することは、会社の成長を維持するためにも重要だ。もしトップレベルのエンジニアを獲得し、つなぎとめることができなければ、ほかのすべての努力が水泡に帰《き》すといってもいいだろう。楽天は、テクノロジー・カンパニーでもある。楽天を楽天たらしめ、成功を運んでくれるのはＩＴテクノロジーがあってこそなのだ。

新たな市場に参入し、新たな商品を世に送り出し、利益を伸ばすには、採用、雇用、人材管理に力を注ぐ必要がある。人間は商品とは違う。社員とどのように向きあうかは、会社が進めるすべての業務の土台に関わる、きわめて重要な要素だ。社員が世界に散らばっていても、オーケストラの楽団員の一人一人のように社員同士が協調して働き、一丸となってインターネット時代を勝ち抜く組織を形作ることが楽天の使命なのだ。

会社を立ち上げたばかりのころにはもう戻れない。昔のような均一な集団では、国境や時差を越えて顧客、出店店舗、社員、管理職の間で迅速かつ正確なコミュニケーションが可能になった世界において成功を収めることはとても無理だ。単一の文化にしがみついた経営では、グローバルな状況の変化に追いつけないどころか、おいてけぼりをくらうだろう。

僕は、新入社員に対して、楽天への入社はグローバル企業への入社を意味すること、そして楽天は、さらに世界に向かって進出し、拡大していくことを伝えている。グローバルなビジネスとはお金を稼ぐことだけではなく、企業と市場との相互関係を再構築することでもあるのだ。成功と失敗を分けるのは、多種多様な人たちを一つの組織として動かせる骨組みがあるかどうかだ。どんなにすばらしいアイデアがあっても、それを実行する人間がいなければ意味がない。

先例となる会社へ

グローバル化はすでにはじまっている。インターネットの発展がグローバル化に火を付けたのだ。これまで商取引の流れを悪くしていた物理的な障壁がくずれさり、グローバル市場が出現した。グローバル市場は、そこに積極的に参入するか否かにかかわらず厳然と存在する。もはや国内だけでビジネスをしていた時代に戻ることはできない。

そこで問題となるのは、どの会社が生き残るか、そしてどの会社が新たな道を切り開き、他社の先例となることができるかだ。先例となる会社は、世界中の人々がどんな商品やサービスを買い求め、どのような日々の生活を送るかを左右する存在になるはずだ。

楽天がグローバル化を進めているのは、楽天のエンパワーメントを受け入れる準備ができている市場が世界中にあるからだ。そして僕らも、エンパワーメントを彼らの元に届ける準備ができている。そう、コラボレーションの時代がやってきたのだ。

楽天流・実践のヒント　3

・世界から情報を集めよう。国内の情報源だけで満足してはならない。最高のアイデアのタネは地球の向こう側からやってくるかもしれない。

・全社員がグローバルな社員であるという自覚を持つように社員たちをエンパワーしよう。国内で学んだスキルを世界の舞台で応用するのだ。

・グローバルでの経験がプラスに働くキャリアパスを用意する。管理職には特に、母国以外の拠点でも働いてみたいと思える環境を整えよう。

第4章　会社のM&A——買収のルールを書き換える

これまで楽天は数十の企業を買収してきた。そのうちのいくつかは大型の買収で、新聞にも大きくとり上げられた。たとえば、カナダの電子書籍サービス事業者Kobo（コボ）を買収したときがそうだった。小さいが、僕らのシステムに取り込みたい斬新なソフトウェアを保有する企業も買収した。

買収する企業が大きくても小さくても、僕は買収に特別な思いを持っている。僕にとって企業買収は財務上の戦略以上の意味がある。それは新たな哲学の土台を築き、新たな部下と仲間になり、そして新たなインスピレーションを手に入れる手段なのだ。

企業買収の目的は、「金儲け」と考えられがちだ。しかし、企業買収は会社を新たなステージへ前進させる手立てとしてとらえるべきだろう。なぜなら企業買収が、そこに関わるすべての当事者に、一段高いレベルの業績をあげるチャンスをもたらしてくれるからだ。

僕の企業買収に対する考えの一端を示すような、楽天の元重役とのエピソードを紹介しよう。

楽天が日本でようやく注目されはじめた数年前、この重役は別の会社の経営者だった。僕が彼とはじめて出会ったのはある会議の席上だった。後日、彼はジョイント・ベンチャーやジョイント・プロジェクトの可能性について話しあいたいと僕に連絡してきた。

実際のところ彼の会社とジョイント・ベンチャーを立ち上げることに僕はあまり興味がなかった。だが、むげに断ることもできず、数ヵ月後、予定が空いたときに彼と打ち合わせをすることにした。最初、僕らは雑談をしていた。だが、この訪問客はふとひらめいたらしく、突然こう切り出した。「私の会社を買いませんか?」

その瞬間、新たな光が差しこんできたように感じたのだ。「あのときミッキー(僕の愛称)は、身を乗り出しながら大きく目を見開いたんだよ」と彼は言う。

彼との打ち合わせに要した時間は3ヵ月。彼が楽天に会社を売却するのには約3週間かかった。彼はその後、上級重役職として楽天に貢献してくれた。

どうして僕は企業買収に興味を持つのか? それは、僕がそこに金銭以上の価値を見いだしているからだ。特に買収を進める過程で生まれるコラボレーションとエンパワーメントには大きな価値がある。二つの会社が買収合併の契約に合意するとき、ビジネスの世界で考えられる限り最も真剣に両社は向き合うことになる。

僕の知る限り、多くの企業は買収合併のことを財務的な危機を乗り越えるきっかけとしてしかとらえていない。手っ取り早く利益を生むための手段というわけだ。しかし、僕にとって買収合併は、企業、顧客、そしてその企業がある国とも長期にわたる共存関係を築くための手段なのだ。

この章では、どのように僕が買収の機会を探り、対象を選び、実行するのかを説明しよう。

なぜ企業を買収するのか

海外企業を買収する最大の目的は新規顧客の開拓だ。特に日本企業にとって、海外における新規顧客の開拓は大きな意味を持つ。なぜならもはや日本国内の市場だけでは日本企業の成長を支えることができないからだ。日本の出生率は低下しつづけている。市場も成熟してしまっている。だから国境を越えて、新規顧客開拓の道を探ることは十分理にかなった戦略なのだ。

買収せずに海外支社を作って、新たな市場に打って出ればいいという考えもあるだろう。しかし、それではスピードが遅すぎるし、効率も悪い。買収を成功させれば、単に新しい市場を手に入れられるだけではなく、時間の節約もできる。楽天が買収するのは新参者として市場に参入したばかりの企業ではなく、すでにビジネスを確立している企業だ。そこに楽天が新たな経営者として参入するのだ。だから、楽天と買収された企業、および買収された企業と提携していた小売業者は、ただちにパイを拡大できる。土台作りや信用の確立に長い年月を費やす必要はない。企業買収によって、迅速に自分たちのビジネスをはじめられるのだ。

この戦略に沿ってこれまで楽天は日本から、アジア、ヨーロッパ、北米に拡大してきた。

北米で行った買収は、僕らの買収の進め方を示す良い例だろう。北米進出を考えたときすでに現地の市場にはアマゾンやeBayなど数多くの名の知れたプレイヤーが事業を展開していた。ここで一からはじめても、楽天は彼らの後手に回るだけになる。そこで、競争の厳しい北米市場への参入にあたっては、２００５年にまずオンライン・マーケティング会社のリンクシェアを買収。次にBuy.com、さらにKoboを買収した。買収によって北米市場へ打って出る足場を築いたのだ。楽天グループ全体のビジネスを成長させる下地もできた。

当時、僕らは北米ではほとんど無名だった。誰も僕らに関心を払うはずがなかった。しかし、Buy.comは当時から有名で、買い物客は同社の名前を見れば安心して買い物ができた。彼らの買い物客が楽天のエコシステム（経済圏）に慣れる間に、僕らはその買い物客にアプローチすればいい。Buy.comに出店する小売業者もやがて楽天グループが関わる市場へ参入できるようになる。全員が利益を得るのだ。

人材の確保も買収の重要な目的の一つだ。グローバル市場で企業が成功するかどうかは、その企業が人材市場で戦いを有利に進められるかどうかにかかっている。企業を買収すれば、その国の人材市場へ参入できる。だから僕らは企業を買収したとき、経営に関わる人たちには買収後もなるべくそのまま残ってもらいたいと考えている。僕らにとって魅力的な企業を築き上げた人たちに、今度は「楽天経済圏」の一員として、その企業の経営を担いつづけてもらいたいのだ。

買収のもう一つの利点は、買収のたびに楽天の存在が認知され、海外の優れた才能を持った人たちの目を引きつけられることだ。近年、楽天の新入社員の3割近くは日本人以外の多様な人種、国籍の人々だ。僕らの戦略はグローバルな人材を集め、育成していくことだ。企業買収がもたらしてくれる資源には市場だけでなく、人材も含まれているのだ。

企業を買収すると、さまざまな問題の解決方法もいつのまにか手に入れていることに気づかされる。パリに拠点をおく大手eコマースサイトのPriceMinisterを取得してまもなく、僕らは彼らが開発した技術を採用し、楽天のオークションサイトにおける偽造品対策を強化することができた。こうした知識や技術は、さらに別の国の市場に参入するときにも役に立つ。楽天には、優秀な人材が数多く集まっているが、ありとあらゆる問題に対する解決策を用意できるわけではない。しかし、しばしば企業買収によって、思いもよらなかったすばらしい解決策が得られることもあるのだ。

どのように買収するのか

このように企業買収には利点がいくつもある。だから、僕らは日本国内のみならず、世界中で積極的に企業買収を行っている。十分な時間をかけて、手順に工夫を重ねてきたので、今では僕らなりの企業買収のガイドラインもできている。ガイドラインのおかげで、どこでどのような規模の企業を買うかにかかわらず、手際よく、効果的に買収できるようになった。僕らの企業買収の方法には主なポイントが三つある。

・長期的な展望
・企業文化の相性
・ビジネスの相乗効果

以下、これらの一つ一つについて詳しく説明していこう。

パートナーとの長期的な展望

金融の世界では、企業買収を迅速に進めるほど利益は大きくなると考えられている。だから一般に、買収者は対象を見つけて買収したら、資産をスピンオフ（分離・独立）させるなどして、一定の時間が過ぎたら撤退してしまう。

しかし、楽天は違う。長期的な見通しを立てたうえで、企業買収を実行するのだ。僕らの企業買収は、個人がマイホームを購入する場合に似ているかもしれない。不動産投資家は条件のいい物件があれば飛びつき、高く売り抜けようとする。だが、個人がマイホームを購入するときに検討するのは、いかにその家に長く住みつづけ家族を養っていけるか、住みよい地域かといったようなことだ。

僕らが企業買収を検討する際、利益はもちろん重要だが、最終的な目標ではない。僕らは「ホーム」を求めている。買収先は新たな国の拠点となるかもしれないし、新たな事業分野の入り口となるかもしれない。僕らが企業買収をするのは、僕らが望む世界へ進むためで、買収先はその世界を開いてくれる扉なのだ。

望んでいるのは、僕らの長期的な視野に共感を持ってくれるパートナーだ。乗っ取り屋としてではなく、新たな隣人として僕らを受け入れてくれる企業。急いで利益を上げることを目指すのではなく、僕らと同じように長期的な視点を持つ企業を求めている。

長期的な視野に立つ経営体制も必要だ。たとえば、その企業は取引先と長期的な関係をはぐくんできたか？　その期間はどれくらいか？　取引先はネットワークの構成員として気持ちよくビジネスができるように行き届いたケアを受けてきたか？　取引先の事情を配慮しない企業と楽天はうまくやっていけないだろう。短期的な利益しか見ていない企業は、楽天の全体的な戦略には合致しないのだ。

企業文化の相性は？

僕らのゴールと一致し、長期的なプランにも共感を示してくれる企業が見つかったとしよう。次に考えるのは、その企業が僕らとうまくコラボレーションをしていけるかどうかという点だ。お互いの企業文化の相性が合っているかどうかという問いでもある。

楽天のビジネスの進め方は、競合他社のものと大きく異なっている。前に述べた5つの「成功のコンセプト」からなる、楽天の行動指針「楽天主義」は、僕らの根底をなすビジネスの土台だが、多くの点で非常にユニークだ。そのため、買収候補の企業が見つかると、早い段階から僕らは「楽天主義」について話しあう。

企業文化の相性はどうしてそれほど大事なのか？　そんなことは、企業を「買う」「買わない」を左右する問題ではなく、むしろ優先順位の低い問題なのではないのか？　僕はそう思わない。企業文化の相性は非常に重要で、財務上の課題より優先して議論しておくべきものだ。

なぜなら「楽天主義」が僕らに成功をもたらしてくれたからだ。楽天の文化との相性が悪いと、後々に大きな困難にぶつかることになるだろう。

「楽天主義」の「行動規範8ヵ条」には、毎週一回ある全体朝会の後、僕や新入社員を含む全社員が各自の職場の清掃をするというものがある。生半可な掃除ではない。「とことん」掃除しなければならないのだ。デスクの下を掃除し、椅子の脚まで磨く。なぜそこまでするのか？　それは清掃によって職場環境をきれいに保つことが、僕らの会社と自分の職場に対する愛情を表現する行為だからだ。もし自分の家の床にゴミが転がっていたら、あなたはそれを踏みつけて放っておくだろうか？　もちろんそんなことはしないだろう。あなたは定期的に家を掃除し、いつでも客人を迎えられるようにしているはずだ。それはあなたが自分の家を愛しているからであり、見栄えを維持したいからでもある。楽天で行われている清掃活動も、それと同じ感情にもとづく。それにとことん掃除をすると、僕らは自分に課せられたミッションに、いかに真剣に取り組んでいるかも示せる。清掃の習慣には、僕らを謙虚にし、傲慢になりがちな気持ちを抑える効果もあるだろう。

毎週、全社員が清掃を行う会社は多くないはずだ。実際、世界広しといえども、毎週自分のオフィスの椅子を磨いているＣＥＯは僕くらいだと思う。しかし、僕らは今後もこの風変わりな、それでいて愛おしい儀式をつづけていくつもりだ。僕らは買収候補を見つけると、企業文化に関する議題の一つとしてこの習慣を取り上げる。

買収前の話しあいの早い段階で取り上げる議題は、もちろんこれだけではない。楽天の重要な企業文化の一つである、エンパワーメントも当然含まれる。僕らは楽天のエコシステム（経済圏）に関わる全員がエンパワーされることを望んでいる。しかし、多くのｅコマース企業の方針は、楽天のものとは異なる。たとえば、アマゾンやザッポスをはじめとする有力なｅコマース企業は、買い物客に対してはたしかに十分なサービスを提供しているが、出店者に対してはそれほど関心を払っていないように見える。しかし、楽天にとって、出店者のエンパワーメントと満足度は、顧客満足度と同じように重要だ。もし買収候補の企業がエンパワーメントに対して僕らと違う考えを持っているなら、その企業と楽天とはうまくやっていけないだろう。

イギリスの大手eコマースサイトPlay.comと買収に向けて協議をはじめたとき、僕らは初日からオープンな気持ちで協議に入った。彼らのほうもオープンに僕らと接してくれた。このとき僕らは企業文化について深く話しあった。運営方法では両社の考え方に多くの違いがあったが、企業文化に対する考えは一致していた。彼らはエンパワーメントの考えを受け入れ、ビジネスの前面にエンパワーメントを打ち出すことに積極的に賛同してくれたのだ。イギリス文化圏で、変革を起こすことは簡単ではないし、時間もかかるだろう。しかし、最終的には僕らはうまくコラボレーションできるだろうと思えた。

企業買収が成功に終わるか、失敗に終わるかは、企業間の協議の初期段階ではっきりわかる場合がよくある。企業文化について話しあっているうちに、両者の「相性」が浮かび上がるのだ。僕らは、自分たちとまったく同じビジネスをしている企業を求めているわけではない。僕らが求めているのは、僕らがやること、その理由と価値を理解してくれる企業だ。最終的に楽天グループとして成長し成功を収めるには、買収される企業には自社の企業文化を楽天主義に合わせていってもらうしかない。もし企業文化の一致に同意してもらえないなら、それ以上のことを話しあう意味はない。

ビジネスの相乗効果を見極めろ

企業買収の利点として最も理解されやすい要素は、ビジネスの相乗効果だろう。どの企業も、他企業と契約を結ぶとき、なんらかの相乗効果を期待しているはずだ。僕らも、買収によって楽天と買収企業の双方に相乗効果がもたらされることを期待しているし、買収後も長くその効果を高めていくにはどうすればよいか、常に模索している。

これは、「楽天経済圏」を浸透させるための重要な要素だ。ここ数年、楽天の事業を拡大しつづけてきたが、楽天の事業と大きく隔たりのある事業分野を加えるようなことはせず、既存の事業と相乗効果を生むような事業分野を探し、加えてきたのだ。それによって、楽天のある事業分野の顧客が、楽天のほかの商品やサービスにも手を伸ばしやすくなる状況が生まれた。つまり、「楽天市場」の顧客が、楽天のクレジットカードや旅行予約サービス、あるいは証券サービスの顧客になることもあるという自然な流れが生まれたのだ。

企業買収を行うときに望んでいるのもこれと同じ相乗効果だ。そのため、楽天の場合、買収候補の多くは、eコマース関連のビジネスを展開している企業だ。そして、僕らは買収企業の顧客にクレジットカードや旅行予約、証券といった他の「楽天経済圏」のサービスも利用してもらえるような仕掛けを考えるのだ。また、買収企業のビジネスは、世界中の楽天の顧客にも展開していく。たとえば買収前は1〜2ヵ国でしかビジネスをやってこなかったような企業も、買収後、楽天の技術を用いて、さまざまな国で事業展開することになる。このような相乗効果を見込んだうえで、僕らは積極的に買収に取り組んでいる。企業買収は、1足す1を10に拡大できる機会なのだ。

楽天の金融ビジネスの例を見てもらえば、僕らの企業買収への取り組みがどんなものかわかるだろう。僕らはもともと、インターネット・ショッピングモールを運営する会社として起業したが、初期に買収したところの多くは金融分野の企業だった。

僕らは金融サービスをビジネスとして本格的に立ち上げるにあたり、大規模な企業買収を行った。「楽天経済圏」にとって有益な企業を探し、買収してグループに組み込み、システムも融合させていったのだ。買収の目的は、僕らがすでに展開中のビジネスを補強することだった。

僕らの金融ビジネスへの最初の一歩は、証券会社（現在の「楽天証券」）の買収から踏み出された。次いで、クレジットカード会社（現在の「楽天カード」）を買収した。クレジットカードほど現代の消費文化を象徴するものはない。クレジットカードが世に登場したばかりのころ、これを所有し、使用することは大変なことだった。クレジットカードはもともと、富裕層の人々が特別な買い物のために使うものだったのだ。しかし、今やクレジットカードの所有は現金と同じように当たり前になった。普段から持ち歩き、コーヒーを飲むときも、交通機関で移動するときも、クレジットカードで支払うことは珍しくなくなった。あまりにも日常的なものと化したのだ。

オンラインショッピングの出現で、クレジットカードの需要はさらに広がった。インターネットで買い物をするのにもはや必需品となっている。パソコンを買う場合、音楽を1曲ダウンロードする場合、いつもクレジットカードが売買を仲介してくれる。オンラインショッピングとの親和性が非常に高いのだ。

次に僕らはネット銀行（現在の「楽天銀行」）を買収し、新たな金融サービスを楽天のビジネスに加えた。買収の目的は、人々に気軽に利用できる、迅速で効率的な送金と支払いサービスを提供したかったからだ。

銀行は、インターネットを利用しない伝統的なビジネスの世界を代表する存在だった。長年にわたって銀行は、マネーと名声をほしいままにしてきた。小さな町でも大都市でも、銀行は中心部の大通りに店舗を構え、繁栄と権力の象徴だった。しかし、銀行の体力は衰えつつあった。インターネット技術の進歩によって、店舗を訪れなくても、支払いや借り入れができるようなサービスが出現しはじめたからだ。僕らも、新たに参入した銀行ビジネスをオンライン上で展開し、伝統的な銀行ビジネスに風穴をあけたのだ。

一般に銀行は顧客を資産の大きさを基準に分類する。しかし、楽天はそれとは違う基準を用いることにした。取り引きする頻度によって顧客を分類したのだ。顧客の活動を数値で評価すれば、彼らのニーズにどれくらい対応できているのか、彼らの日常的な金融取引にどれくらい貢献できているのかがわかる。銀行ビジネスにおいて、楽天はｅコマースで学んだことを思うぞんぶん活用した。ｅコマースのビジネスモデルを応用することで、コストを抑え、競合他社をしのぐことができた。

金融サービスは、特に大きな相乗効果の可能性がある。金融サービス事業を立ち上げて拡張するだけではなく、「楽天経済圏」という大きな枠組みの中にうまく組み込む方法も模索してきた。たとえば、「楽天証券」の顧客は、取引やサービスの利用で稼いだポイントを、「楽天市場」など他のサービスで使うことができるのだ。

当初、楽天のような会社が銀行などの金融の分野に乗り込んでいくことは一般的ではなかった。しかし金融ビジネスへの参入によって、楽天は顧客に、より革新的で低コストのサービスを提供できるようになり、企業として財務状況を強化することにも成功したのだ。

ＴＢＳ買収はなぜ失敗したか

僕らの買収戦略はこれまでほぼすべて成功してきた。だが、期待どおりに進められなかった例もある。その一つが、東京放送（ＴＢＳ＝当時）への経営統合の提案だった。

最初にこのアイデアが頭に浮かんだとき、すばらしい相乗効果が得られるだろうと僕は思った。テレビ業界は、広告に依存する伝統的なやり方では立ちゆかなくなりつつあり、そのビジネスモデルの見直しを迫られていた。多くの視聴者は放送される番組を録画し、再生するときにはCMを飛ばしていた。そのため、テレビ局はスポンサーが求める「視聴者がCMを見るのに費やす時間」を期待されたようには獲得できなくなっていた。もちろん、これはTBSやその他の日本のマスメディアだけに当てはまる話ではなく、世界中の広告に依存した旧来型のメディアが直面している問題だった。この問題について考えるうちに、僕は映像配信の新しい仕組みを思いついた。旧来型の広告モデルに頼らない、インターネットの力と広がりを利用する仕組みだ。

テレビとインターネットを融合できれば、誰にとっても大きなメリットが得られるだろうと僕は考えた。テレビ局は新たなビジネスモデルを手に入れる一方で、楽天は新たな事業分野を手に入れる。視聴者も自分のライフスタイルに合った方法で番組を見ることができる。

残念なことに、TBSの経営陣は僕の考えに賛同してくれなかった。楽天は当初、TBS株の20%弱を取得していたが、最終的には保有率を50%まで引き上げる予定だった。しかし、僕らの提案は受け入れられず、その後、交渉の舞台は、資本・業務提携に移行したが、協議を進めるにつれて、彼らに僕の考えを理解してもらうのは難しいことがだんだんとわかってきた。それでも当時の僕には、彼らを説得する自信があった。経営陣の多くは、メディアの改革に慎重な立場であることはわかっていたが、僕の目には、新しいテクノロジーが世界を大きく変えつつあり、ＴＢＳのような会社も変化せざるを得ないことは明らかだったのだ。ＴＢＳがその変革を成し遂げるために十分なサポートをする準備もできていた。しかし、彼らは、あらゆる手を尽くして、僕らの提案をつぶそうとした。そして彼らはついに買収防衛のため「ポイズンピル」（毒薬条項）まで発動しようとした。

彼らは、変革の波が目前に迫っていながら、古いビジネスモデルに固執しつづけた。インターネットがメディアの世界に旋風を巻き起こし、かつてない変革が進行しつつあったのに、その変革に抵抗するためにわざわざ膨大な時間と金をつぎ込んでいたのだ。そんなことに意味はあったのだろうか？　それがいったい何の役に立つのか？　僕はやがて意欲を失った。

結局、ＴＢＳとは業務提携すら実現しなかった。しかし、この失敗から、企業文化の相性について良い教訓が得られた。僕は、新しいアイデアを基に将来のビジョンを打ち立てた。しかし、ＴＢＳの経営陣はそれとは違ったビジョンを持っていた。彼らは古いビジネスモデルを堅持し、変革を防ぐ道を選んだ。僕は、彼らの方針を知りながら、自分なら最終的には説得できると考え、買収に乗り出した。時代遅れのビジネスモデルを捨て、新たな可能性を拓く道へ進ませることができると考えていた。

しかし、僕にはそれができなかった。僕らと彼らの企業文化の相性はまったく一致していなかったのだ。僕は今でもメディアの買収が、楽天や視聴者に大きな利益をもたらし、相乗効果が生まれると信じている。視聴者には進化したメディアを受け入れる下地ができているはずだ。やるべきことは、長期的なビジョンと、変革への情熱に共感してくれる企業を探すことなのだろう。

買収後がすべて

企業買収の戦略にとって最も重要な場面は、買収した直後にやってくる。まさに買収計画の山場だ。この時期、当事者はみな、テーブルを挟んで向かいあっている相手が友好的か敵対的かを見極めようとする。契約書には署名済み。現金も支払われた。今こそ新たな経営者が姿を現すときだ。

買収の最終段階は、世界市場に僕らの買収者としてのイメージが形作られる点においても、きわめて重要だ。ニュースはインターネットを通じて瞬く間に広がる。たとえばアメリカの企業が楽天に買収されると、あっという間に世界中に知れ渡る。

買収後の作業は段階的に進む。まず新たなプレイヤーを楽天グループに融合させるためのアイデアやポリシーを頭からひねり出すのだ。ドイツで行った買収を例に説明しよう。僕らはドイツのインターネット・ショッピングモール Tradoria（現・Rakuten.de）を子会社化した。買収後の第一段階で実行したのは、Tradoria の管理職とスタッフに楽天主義の考え方を説明し、受け入れてもらうことだった。管理職には、次のような「宿題」を課した。僕が以前書いた『成功のコンセプト』と『成功の法則92ヶ条』の翻訳版を読んでくるよう指示したのだ。その後、本格的なトレーニングに移った。楽天の東京本社から幹部をドイツに派遣し、Tradoriaの全社員に楽天主義に関する講義をしたのだ。僕らはグローバル人事部のインストラクターを選任して、楽天に新たに加わる社員が楽天主義を身につけられるようなトレーニング・プログラムを作り上げた。

楽天主義のトレーニングとともに、社内システムの組み換えも行った。たとえば、請求書処理などの手続きは、楽天のシステムに転換した。さらに、世界中の楽天のあらゆる部門で使用されているEメールシステムを導入した。また買収契約後、数ヵ月でブランド名をRakuten.de Shoppingに変えた。

これは最初のステップにすぎない。新たに買収した企業と楽天との融合はもっと時間のかかるプロセスだ。しかし、買収した企業と契約書を交わした後の初期の段階で、どのようにして僕らが企業文化やビジネス慣行、技術などを導入していくかを示すことで、お互いに今後どう付きあうべきか、いろいろなことが見えてくる。

買収の交渉・契約自体は全体のプロセスのほんの一部でしかない。長期間つづく関係を作り上げ、関係者全員でビジョンを共有できなければ、買収が成功したとはいえないのだ。

グローバルな価値を手に入れる

結局のところ、僕らが企業買収を行う本当の目的は、ビジネス上の戦略を超えたところにある。世界ともっと密につながりたいのだ。企業が国境を越えて力を合わせ、共通のゴールに向かって団結し、共通の価値観のために働く。買収がうまくいけば、競合相手が必ずしも非情なライバルではないとわかるはずだ。合併によって関係者全員が成功すれば、グローバル企業の実現に一歩近づくことになる。

だからこそ、かつて会社を売りたいと唐突に持ちかけられたとき、目が飛び出るほど驚いたのだ。その瞬間、僕は彼の提案がビジネス・チャンスであるのみならず、ビジネスを超えた価値を手に入れるチャンスをもたらしてくれると直感したからだ。

楽天流・実践のヒント　4

・買収を新たな市場に参入する手段の一つとしてとらえてみよう。
・第一に考慮すべきことは文化的なシナジーを発揮できるような環境を整えることだ。これが、買収後のマーケティングや商品開発の土台となる。

第5章 成功のコンセプト——企業文化を書き換える

初期の楽天は、ほんの少しの社員が結束して大きなビジネスの世界に戦いを挑む会社だった。だが、小さな集団から会社をはじめたことは意図的であったことをここで告白しておかなければならない。

興銀で働いたおかげで、僕にはビジネス界の有力者と知りあう機会がたくさんあった。そのため起業するときも、多くの人が僕の会社に興味を持ち、支援を申し出てくれた。それでも僕が小さな集団として新しい会社をはじめたかったのは、自分なりの企業文化を築いてみたかったからだ。

企業文化は組織が持つ特徴のことで、日々のオフィスでの立ち居振る舞いから戦略の決定まで、あらゆる企業活動に影響を与える。たいていの場合、組織の中に偶然生まれ、時間をかけて進化し、その企業の伝統として根付いていく。大企業の幹部に「貴社のこの伝統はどのようにはじまったのか」とたずねてみても、まともな答えは返ってこないだろう。せいぜい「ずっとそうやってきたからです」というくらいではないか。みんな決まった手順でいつものように行動しているが、いつから、なぜそれがなされているのかは誰にもわからない。そして伝統は長くつづくほどより深く根付くものだ。

自然に発生して根付いた文化のほうがよいと多くの企業が考えているが、それは誤解だ。文化の創造や発展を偶然に頼るべきではない。むしろ、文化を適切に管理し、その維持に力を注ぐことによって、成功への原動力にすべきなのではないか。文化を成り行き任せに放っておいては、大きなチャンスを逃すことになる。僕は起業してまもなくこのことに気づき、大きなチャンスを逃すことのないように気をつけてきた。

多くの人は、楽天が短期間にここまでの成功を収めたのは運がよかったからだと考えているかもしれない。しかし、それに対して僕はこう答えることにしている。「幸運とは、機会に恵まれることに加え、十分な準備があってはじめてつかみ取れるものだ」と。運は必ずしも自由にコントロールできないが、準備なら自分の中で進めることができる。僕は楽天創業当初から時間をかけて企業文化の基礎を築くために準備を進めてきた。そしてチャンスが訪れたとき、僕にはもう何をすべきかがわかっていた。

この章では、企業文化が、どのようにして楽天にチャンスをもたらしたのかを詳しく述べよう。楽天の企業文化を具体的に紹介し、なぜそれが重要かを説明する。そして企業文化を自分のビジネスに取り入れる方法も提案しよう。強力な企業文化は「あればあったでいいもの」ではないことを強調しておきたい。文化は、会社を築くうえで不可欠な土台なのだ。

楽天の5つのコンセプト

楽天本社の会議室や廊下には、「楽天主義」の根幹を成す「成功の5つのコンセプト」が書かれたポスターが貼ってある。全社員のＩＤカードの裏にも記し、社員が日常的に目にするようにしている。

以下、5つのコンセプトのそれぞれについて詳しく説明していこう。

常に改善、常に前進

このコンセプトを実践すれば、平凡な人でも非凡な人になれる。ただし僕の言う非凡な人とは、「ひらめき」によってすばらしい考えや、それを実現する方法が魔法のように頭の中に浮かんでくる人物のことではない。実際、「ひらめき」の瞬間は存在する。しかし、普通の人も、決断力を身につけ、十分に集中し、改善をつづけていけば、非凡な人になれるのだ。

常に改善するというコンセプト自体は、自動車業界の巨人トヨタ自動車によって生み出されたものだ。トヨタがこれをスローガンに掲げて世界に進出し、世界中に日本ブランドを知らしめた。そのため、このコンセプトは「カイゼン」という日本語の音のまま世界中に知られることになった。カイゼンはトヨタの生産現場やオフィスで働く従業員が主体となって行う活動であり、トヨタの企業活動全体を貫く指針だ。カイゼンの積み重ねにより、トヨタは年を追うごとにより良い自動車を造りつづけた。トヨタがほかのライバル会社からぬきんでて、世界の自動車マーケットで圧倒的な地位を確立できた最大の要因は、これを継続してきたことだ。

楽天ではこのカイゼン哲学を人材教育に応用している。自動車製造の過程が改善できるように、人間も改善できる。人間のすばらしい点は、現状を自分自身で、自分なりの方法で改善していけるところだ。

あまり自分を改善しようと思う人は多くない。彼らはそれまでの人生で自分の限界を試す状況に置かれたことがなく、教師、家族、上司が求める基準さえ満たせば満足してしまう。学校を卒業し、安定した職を得たら、それまでに払った努力は報われたと思うのかもしれない。しかし、彼らがカイゼンを実践しはじめたら何が変わるだろうか。もし自己を見つめ直し、常にカイゼンしつづけたらどうなるだろうか。

そう考えると、僕は本当にワクワクする。人には驚くほどたくさんの能力が手つかずのまま残っているからだ。誰かに「一晩で天才になってくれ」と言うのはまったくナンセンスな話だ。しかし、誰かに「毎日少しずつ改善してください」と言ったとしよう。1年後、どんな結果が得られるだろうか。10年後、そして全キャリアを通じて毎日、改善の習慣をつづけたとしたら、改善をしなかったときと比べて、圧倒的に大きな差がつくはずだ。

数字に置き換えればよくわかる。毎日1パーセントの改善を1年間つづけると、パフォーマンスは1・01倍を365乗した値まで向上する。その答えは、37・78だ。毎日、たった1パーセントの改善を1年間つづけるだけで、パフォーマンスがスタート地点の37倍を超えるのだ。

ある人から次のような話を聞いたことがある。江戸時代の剣士が書いた剣術指南書を読んだとき、次の一文が目にとまったという。

「昨日の我に今日は勝つべし」

この一文は、改善の考え方を美しく表現している。一晩で偉大な人物に成長するのではなく、毎日少しずつ良くなっていこうとするのが改善であり、そのような改善の積み重ねが成功への道を開くのだ。

天才のひらめきや偉大な発明も、詳しく見てみると改善を積み重ねた結果であることが多い。たとえばトマス・エジソンと彼の発明した蓄音機はどうか。エジソンの発明は偉大なイノベーションだったが、同時にそこから改善の連鎖反応がはじまった。以来、数え切れないほどたくさんのエンジニアたちがエジソンの方法を実践し、ついにウォークマン、iPodをはじめ、現在の携帯音楽プレイヤーに至った。僕らの生活は、改善というプロセスによって確実に豊かになっている。ありとあらゆるものに対し、すばらしい改善が積み重ねられつづけているのだ。

企業文化を改善する利点は、社内の誰もがその実践に参加できるというところにある。トヨタの製造技術の改善であれば、製造技術に関する専門的なスキルと知識が必要になる。しかし、自分の仕事に関わることであればいつでも個人レベルで改善できるし、あるいは同じように組織のレベルで改善を行うことができる。剣術の思想を思い出してみよう。自分を改善する力は、あなた自身に宿っているのだ。

楽天では、常に改善を行っている。僕らはすでに最新技術を手に入れているが、常に新しい情報や斬新な方法を取り入れることによって、さらに技術を進化させている。たとえば、楽天が出資しているPinterestというウェブサービスがある。これは登録したメンバーが、ウェブ上のピンボードに好きな画像や動画、そのほかのものを「Pin（ピン）」で留めてコレクションを作り、共有することのできるコンテンツ共有サービスだ。すでに楽天はeコマース事業で十分な地位を確立しているのに、なぜこのようなビジネスに出資したのか。それは、僕らが常に自分たちのやり方を改善する方法を模索し、顧客に新たなサービスを提供したいからだ。

Pinterestへの出資について具体的な検討をはじめたころ、僕はこの「キュレーション・コマース」がeコマースの新たな革命になりうると考えた。ユーザーがインターネットを通じて自ら商品とつながっていく点がとても斬新だったからだ。次世代のインターネットの新しいトレンドを取り込み、さらに洗練させていくことは楽天にとって合理的な戦略だ。改善を模索する過程で、Pinterestは僕らの追求する数多くのビジネスに新たな要素を加えてくれる。いつの時代にも新たなテクノロジーが登場し、そのテクノロジーを利用する新たな方法が生まれる。僕らは、こうしたポジティブな変化をもたらす新しいテクノロジーをいつも探し求め、少しずつ改善しているのだ。

時として、改善は苦痛を伴う。楽天を創業した当初、出店者は「楽天市場」に一定の月額料金を納めるだけで参加できた。しかし、「楽天市場」がある程度大きなショッピングモールに成長してしまうと、その料金体系ではやっていけないことが明らかになってきた。そこで僕らは料金体系を改定し、月額料金に、売り上げの一部を納めてもらうシステム利用料を加えた。

この変更は簡単ではなかった。当然、一部の出店者たちからは反対の声もあった。しかし僕らは、「これまでこうだったから」という理由だけで、従来のシステムを維持することはできなかった。過去のやり方にとらわれず、常に改善していくのが楽天流だ。システム利用料の追加はシステムを維持するのにどうしても必要だった。僕らは言葉を尽くして出店者たちに理解を求めた。つまり、この変更によって「楽天市場」に関わる出店者、顧客、楽天の全員がハッピーになることを説明したのだ。

改善は、世界の市場でも実践されている。たとえばGoogleとほかのソフトウェア会社との違いを見てみよう。よく知られているように、Googleは新しいアイデアを次々と世に送りだしている。彼らはアイデアを出し、それがうまくいかなければ潔く捨てて次のアイデアに移る。一方、多くのソフトウェア会社は自社が過去に生み出した製品で勝負しようとする。従来のものに改良を加えた新バージョンを市場に送り出すのだ。これが改善の文化だ。商品を売り出した後は、そこに携わったチームが別のアイデアに移ってしまい、過去の商品を振り返らないなどということはない。その反対で、一度売り出した商品は常に見直される。チームは常に改良すべき点を探す。わずか1パーセントの改善点でも、彼らはそれを見つけて少しずつ完璧なものに近づけていく。

自分自身をコンピューターのソフトウェアか車のエンジンだと考えてみよう。持てる能力をすべて発揮して仕事をしているだろうか？　さらに改善できる点はないだろうか？　明日もっと向上するために、今日できること、毎日できることはないだろうか？　いつやってくるともしれない「大きな飛躍」を待つ必要はない。毎日改善をつづけることに集中するのだ。大きく改善できる日もあれば、小さな改善で終わる日もあるだろう。しかし、コンスタントにやっていれば、いくつもの改善を足し合わせた偉大な一歩を踏み出すことができる。

改善は、ばかばかしいようなことを真剣に検討するところからはじまる。障害となっているルールや習慣はないか。誰もが疑わずになんとなく従っているプロセスはないか。これらが改善すべき最初のターゲットだ。意味のないしきたりに従うのをやめてみよう。改善の精神を持って、そのようなしきたりに挑み、ルールを書き換えてしまうのだ。

Professionalismの徹底

プロフェッショナルであるとは、どういうことだろうか。多くの人はプロフェッショナルを、高いスキルを持った人、つまり、トレーニングを積み、素人には手に負えない困難な課題を解決できる専門家のことだと考えている。

プロフェッショナルがそういう意味を持つのはたしかだが、僕はもっと深い意味がこの言葉にはこめられていると思う。僕にとってプロフェッショナルとは、収入のためではなく、プライドと達成感のために全精力を傾けて仕事に取り組む人を意味する。だから、僕は楽天のコンセプトの2番目を「プロフェッショナルになれ」ではなく、「Professionalism（プロ意識）の徹底」としたのだ。単なるプロフェッショナルではなく、情熱を持ったプロフェッショナルになれということだ。

世間にはプロフェッショナルと呼ばれる人たちがたくさんいる。しかし、偉大な仕事を成し遂げることができるのは、情熱を持ったプロフェッショナルだけだ。ほとんどの人は、トラブルを避け、与えられた仕事を巧みに処理して、一段一段出世の道を進むという型にはまっている。そんな人たちは仕事で高収入を得ても、自分や自分の会社、または人類に意味のある前進をもたらすわけではない。一方、情熱的なプロフェッショナルは、どんな仕事に従事していても、情熱に突き動かされて仕事に取り組み、真に偉大な成果を上げる。

僕は、往年の映画スター、植木等らがやっていたコミックバンド「クレージーキャッツ」の大ファンだが、彼らの喜劇映画「日本一の～男」シリーズには典型的な日本の職場が登場する。描かれるのは、昼過ぎに出社し、山積みの書類を無視して仕事もせず、花札に興じ、定年を待つばかりの社員たちの日常だ。そこへ主人公が怒り狂って登場し、机の上の書類の山を片っ端から処理していく。この映画シリーズを何度も見ているが、主人公が竜巻のように職場を動き回り、放置されていた仕事をてきぱきとこなしていくシーンになるといつも大声で笑ってしまう。この映画を見終わると、すぐにでも家を出て職場に行き、同じことをやりたくなる。彼のエネルギーと情熱が伝染するのだ。

この映画はエネルギーと情熱にあふれている。僕は楽天の社員みんなにこんなふうに日々の業務に取り組んでほしいと思っている。まさに映画に描かれているように、Professionalismとは、仕事に向きあう精神に関わる問題なのだ。主人公にとって、書類の山はおもしろいものでもなければ、自分を奮い立たせるものでもない。しかし、彼は自ら意欲を高め、目の前の仕事に向きあうのだ。あなたも、目の前にある課題をチャレンジとして受け止めれば、毎日の仕事にやりがいを見いだすことができるだろう。気持ちをうまく整理できれば、何だって興味深い仕事になる。たとえば、自動車で東京の周りをぐるぐると100周走りつづけろと言われれば、ひどくつまらないことに思われるかもしれない。しかし、それがカーレースだったなら、同じ100周でも刺激的なイベントに変わるだろう。

日常業務でも、これと似た気持ちの変化を起こすことが可能だ。在庫確認のような初歩的な業務であっても、情熱的に取り組むことはできる。その業務を、より効果的に、より短い時間と手間で終わらせるように工夫するのだ。工夫を凝らせば、自分に課せられたほかの業務にもポジティブな影響を与えることができる。ある業務で学んだことをほかの業務に応用すれば生産性を高められる。あらゆる仕事は、情熱的なプロフェッショナルとして取り組む価値があるものなのだ。

たとえ書類仕事であっても、やりがいと喜びを持つことはできる。僕が銀行に就職したとき、配属されたのは海外送金を扱う部署だった。そこでは多くの書類仕事をこなさなければならなかった。僕は、効率を上げ、ミスを減らす方法を模索した。「このプロセスを改善するにはどうすればよいか」「もっと効率よく働き、自分の周囲の人々の生活を改善するにはどうすべきか」といったことをいつも考えていた。自分の業務の効率を上げることで他人に貢献していることが実感できると、どんなに重要性が低い仕事でも楽しかった。

書類仕事に没頭した経験のおかげで、僕は書類仕事が全体の事業計画の中でどのような役割を担っているのかを理解できた。数年後、会社を立ち上げたときに、この理解は大いに役立った。ペーパーワークに対して情熱を持ったプロフェッショナルになろうと努力したおかげで、僕は当時の会社に貢献できただけでなく、後の人生で役立つ教訓を得ることまでできたのだ。この経験がなければ、おそらく今、楽天は存在しなかっただろう。

仕事自体におもしろさがあるのではない。仕事のおもしろさは人が作りだすものなのだ。それは情熱的なプロフェッショナルとして仕事に取り組んだ結果として生まれる。廊下の清掃や書類仕事にも喜びややりがいを感じる人は、情熱的なプロフェッショナルなのだ。

「楽天市場」に出店する、ある鮮魚店主はかつて記者から取材を受け、次のように述べた。

「この世に魚業よりおもしろいものはありませんよ。僕はなぜ世界中の人が漁業をやろうとしないのかわかりません。長年の謎なんです」

何をするにしても、情熱を持ってその仕事に取り組み、その仕事に自信を持つことができれば、あなたに成功と幸せがもたらされるだろう。

仮説↓実行↓検証↓仕組化

先に説明した二つのコンセプト「常に改善、常に前進」と「Professionalism の徹底」はそれぞれ、大きな成果を求めてコツコツ努力すること、自分に割り当てられた以上の仕事をすることの大切さを表している。これらのコンセプトを実現するには、仕事に対する情熱を持ちつつも、冷静に改善点を探す習慣が必要だ。この習慣を身につけるのに役立つのが、仕組化なのだ。

仕組化する過程は、それほど複雑なものではない。誰でもすでに何か仕組化したことがあるはずだ。砂場で遊ぶ子供を思い浮かべてみよう。一人の子が今、砂山を作っているところだ。別の子が水飲み場から水を運び、砂山に水をかけて川を作る。楽しくて、みんながやりたがる遊びだ。しかし、みんなすぐに飽きてしまう。そこで一人の子供がこう言う。「ねえ、バケツで水を運んだらどう?」。実際にそうしてみると砂山が壊れてしまう。そこで、また同じ子がこう言うのだ。「ねえ、もっと大きな砂山を作ろうよ!」

一見、遊びにすぎない。しかし、この砂遊びに仕組化に至る重要なプロセスがすべて含まれている。砂場にいる子供たちは、「仮説→実行→検証→仕組化」のコンセプトを実践しようとしたのだ。子供たちはアイデアを出し、それを試し、結果を検証した。そしてそれまでどおり進めるのが正しいのか、あるいは最初に戻って別のやり方を試すべきかを判断している。まさに人間らしい作業だ。同じ手順で、初期の人類も数多くの道具を作りだし、現代人はスポーツや科学を発展させつづけている。

ところが、なぜかビジネスの世界では、この手順がしばしば忘れられている。だから僕は、楽天主義のコンセプトとして、「仮説→実行→検証→仕組化」という手順を強調したいのだ。

ビジネスの世界に入ると、たとえあからさまにではないとしても、実験的思考を止め、指示に従うだけの人間になることを会社から強要されることがよくある。業務について何も知らない新入社員に、いきなり自分の頭で考えよと言う上司は多くない。経営者はたいてい、社員が指示に忠実に従うことを期待するのだ。

しかし、新入社員は指示に従う技術を身につける代わりに、かつて砂場で身につけた、自分で考え、試し、実験を行うというスキルを失うだろう。砂場のスキルは完全に消え去り、やがて新入社員はその会社にごろごろ存在する人間たち、つまり、指示には従うが、それ以上のことはできない人間たちの一員となってしまう。

常に改善を実践する会社を築くには、社員に挑戦する気持ちを身につけさせることが不可欠だ。

仮説作りは、左脳と右脳による情報のキャッチボールからはじまる。右脳で付いたインスピレーションの火が、左脳で作りだされる論理とペアを組み、科学的な仮説が生まれるのだ。インスピレーションや革新的なアイデアというと、右脳の働きばかりが強調されるが、左脳も右脳と同じくらい重要だ。インスピレーションがそのまま使えることはあまりない。左脳があるからこそ、右脳のインスピレーションの中身を検討できる。このインスピレーションに実現性はあるか？　これによってどんな利益が得られるのか？　左脳の働きのおかげでインスピレーションは次の段階に進めるのだ。

仮説ができたら、これを実際に試してみよう。そしてその結果を見て仮説がうまく機能したかどうかを検証するのだ。良い結果が得られれば、最終段階の「仕組化」に進む。アイデアのエッセンスを抽出して、自分以外の者が実行できるようなシステムを作るのだ。僕が一連の流れの中に仕組化を加えたのは、偉大なアイデアも実用化されてはじめて有用なものになることに、気づいたからだ。

このコンセプトは、楽天でどのように実践されているか。楽天のサービスへの顧客の関心を高め、引きつけるため、僕らはある仮説を立て、試してみた。「楽天市場」に出店に関する質問や資料請求のメールが来たら、楽天の担当者が2分以内に電話で返答するという新しいルールを作ったのだ。

これは楽天にとって有用だろうか？　これによって僕らと顧客とのきずなを強めることができただろうか？　結果は、うまくいった。テストの結果、顧客たちは楽天が迅速に回答することに驚くとともに喜んでくれたことがわかった。「楽天がお客様にどれほど高い関心を寄せているかを示すため、ご質問や資料請求に対し最速のスピードでご返答いたします」という姿勢は、高い評価を得たのだ。

この結果を踏まえ、さらに広げて全社で「2分以内コール」を行うよう仕組化することにした。

時として、仮説がうまくいかない場合もある。アイデアを出し、実験して、その挙げ句に

「うわっ、うまくいかない！」という声が上がることもある。しかし、そうなったからといって失敗したと結論づけるにはまだ早い。うまくいかなかったアイデアにも会社に貢献する可能性を見いだせる場合があるかもしれない。あるいは、テストを終えたらそのアイデアを終了させ、次のチャレンジにエネルギーを傾けるべき場合もあるだろう。

僕らは仕組化を実践する以外にも、前述の楽天技術研究所で、科学的な仕組化も行っている。研究開発部門でも、仕組化を新しい技術の開発に活かしている。「仮説↓実行↓検証↓仕組化」のプロセスは強力で、ビジネスに役立つだけではなく、次にどんな新技術を開発すべきかも教えてくれるのだ。

体系的に新たな可能性を探りたければ、アイデアが失敗に終わる場合もあることを覚悟しておくべきだ。失敗しても処分を受けることはないという安心感がなければ、社員は実験に手を出せない。リーダーであれば、仕組化できるほどのすばらしいアイデアを見つけるために、実験がどんな結果に終わろうとも、それを受け止める度量を持たなければならない。

顧客満足の最大化

改善と同じく、このコンセプトも広く世に知られている。ただし、これについても、ほかと同じく、僕らなりの解釈を持っている。顧客満足の向上に取り組む会社はいくつも存在するが、その多くは最終段階の顧客、つまり商品のエンドユーザーの満足度のことしか念頭に置いていない。しかし僕は、エンドユーザーのほかにも満足させるべき顧客はいると考えている。ビジネスは多くの人々やグループの関わりあいで成り立っている。もちろんそのなかでエンドユーザーは中核的な存在だ。しかし、顧客はエンドユーザーだけではない。

顧客満足の最大化について考えるとき、僕の頭に浮かぶ顧客は「楽天市場」の出店者から商品を購入するお客様だけではない。僕は楽天の販売システムに関わるすべての顧客に目を向けるようにしている。たとえば、「楽天市場」への出店者もまた楽天の顧客なのだ。

ある楽天の競合企業は最も効率的な取引を顧客に提供することに専念している。その顧客とは、離れた場所からクリックする個人の購入者だ。エンドユーザーに商品を提供するのは出店者たちだが、その企業は、出店者に対してはエンドユーザーに割いているのと同じだけの時間と労力は割いていないはずだ。顧客満足度の高さを宣伝する多くの会社にとって、重要なのはエンドユーザーだけなのだ。

僕が求めているのはこのような顧客満足ではない。もちろんエンドユーザーは重要だ。しかし、出店者の満足度も、僕らの仕事の守備範囲なのだ。僕の言う顧客満足の最大化では、商品の製造者、出店者、エンドユーザーのすべてを含む顧客が対象となる。誰かの幸せのためにほかの誰かが犠牲になってはいけないのだ。

ある出店者の例を紹介しよう。高木孝氏は「楽天市場」でメンズファッションのサイト「SILVER BULLET」を立ち上げ、短期間で大きな成功を収めた。彼の店舗の月間収益は、わずか4ヵ月の間に3000万円に達したのだ。この成功は彼の店舗の顧客が大きな満足感を得ていたことの証だ。しかし、そのような成功の裏側で、高木氏と従業員は緊張とストレスを強いられた。高木氏は当時を振り返って、「オフィスに寝泊まりする生活がはじまった」と言う。「注文商品がすべて発送されたかを確認するだけでも大仕事だった」

彼はこうした初期の壮絶な日々をどのように乗り越えたのだろうか？　彼は楽天のＥＣコンサルタントと毎日電話でやりとりし、ミーティングを重ねた。楽天は彼に、セールスに関するアドバイス、ウェブサイトのデザインのサポートなどを提供した。楽天は、高木氏の仕事の一部を請け負うことで、彼が顧客満足の最大化を実現する手助けをしたのだ。

僕は、この方法ですべての顧客に、より大きな満足感を提供できると考えている。楽天のある競合企業の顧客は、速く、安く書籍を購入できてハッピーかもしれないが、そんな顧客たちも、商品の製造者や小売業者が、あるポリシーの犠牲となって苦労を強いられていることに対してまったく無関心ではいられないはずだ。また、そこが運営するマーケットプレイスの出店者たちは、一度獲得した顧客たちに、さらなる売り込みをかけられないことに不満を感じている。彼らは、マーケットプレイスの運営者が、支配人であるとともに競合するライバルのようにふるまい、価格を下げる権利を持ってしまっていることにいらだちを感じている。これでは出店者たちとのきずなが弱まってしまう。

顧客満足の最大化は、僕も含め全社員が肝に銘じておくべき基本方針だ。それでは、僕はCEOとして、顧客満足の最大化のために毎日どのようなことを実践しているのか？

その一つが、ソーシャルメディアの活用だ。僕はソーシャルメディアを通じて、国内外のビジネス動向や楽天のビジネスに関するメッセージを発信している。ソーシャルメディアの活用に僕が積極的なのは、顧客と直に対話できるからだ。僕がソーシャルメディアをビジネス・コミュニケーションの重要な手段だと考えていることが明確に伝わるというメリットもある。

企業のCEOのなかにはソーシャルメディアを利用しようとしない人もいるが、それは間違っている。企業の中で最高位まで上り詰めた人たちは、ソーシャルメディアを軽視し、若者の遊び道具にすぎないと軽視する傾向がある。たとえマーケティングのツールとして用いていても、リーダーシップを示すツールとしては有用だと見なしていない。もったいない話だと思う。

ソーシャルメディアは、リーダーとしての考えを伝えるのに非常に効果的なツールだ。グローバルな時事問題について自分の考えを広く知らせたいとき、ソーシャルメディアを使えばリアルタイムに発信できる。一昔前の印刷物にあったようなタイムラグが生じないのだ。現在世界のマーケットで起こっている現象にただ反応するだけでなく、自ら参加できるのだ。

近年、企業のCEOと顧客との関係は変わってきた。こんにちの顧客は企業の責任者の顔が見えなければ満足しない。顧客は、自分が利用するサービスを運営している企業がどのような人物によって経営されているのか知りたいのだ。その人柄や考え方も知りたがっている。もしあなたが企業で責任ある地位に就いているのであれば、その現実を受け止めなければならない。

僕は現在 Twitter や LinkedIn などを使っているが、新たに登場してくるツールがあればそれも利用するつもりでいる。単に売り上げを増やすとか、ビジネスのためだけにこうしたツールを利用するのはもったいない。ソーシャルメディアを使えば、広い意味で、ビジネス界において自分のリーダーとしての役割を果たすことができる。すべてのリーダーは、自らのビジョンと考えを共有するためにより良い方法を探しつづけるべきだ。

スピード!!　スピード!!　スピード!!

スピードは楽天文化の柱だ。楽天がいかにスピードを重視しているかについては後に一章を割いて説明するつもりだ。スピードは僕らにとってそれほど重要で、現代のビジネスの勝敗を分けるカギを握っているといってもいい。

生まれたばかりのビジネス分野に、小さな集団で乗り出す利点の一つは、物事をスピーディーに進められることだ。誰かが優れたアイデアを出したら、それをすぐさまテストし、検証することができる。誰かが敏感に新たなビジネスの展開の兆候をつかんだら、会社がすぐに動ける。楽天がまだ小規模な会社だったときのスピードはめざましく、効率も良かった。そこで僕は、会社の規模が大きくなっても、会社の方針としてスピードの維持をかかげたのだ。

スピードを維持するにはどうすればよいか。僕が見いだした答えは、大組織にありがちな鈍い動きを許さず、常にスピードを要求しつづけることだ。これを実行するのは必ずしも簡単なことではない。しかし、どのような会社であれ、スピードは成功に欠かせないのだ。

さらに僕は、常に会社内で密なコミュニケーションを行うことの重要性を説いてきた。いつでもコミュニケーションをきちんととって、すべてがクリアな状態になるように、専用の連絡手段と基準を作り上げた。僕は社員たちに、日常的に話しあいをして情報、アイデア、直面した課題などを共有することを奨励している。コミュニケーションを密にとれば、お互いに助けあうことができ、会社全体としてより大きな目的を達成することができるようになる。週に一度、「朝会」と呼ばれる全体朝礼を行っているのも、そのためだ。

ただし、全社的なコミュニケーションは、僕の戦略の一部にすぎない。僕は楽天グループの社員が個々でも密にコミュニケーションをとってほしいと願っている。そのほうが速く情報が伝達するケースが多いからだ。

会社が大きくなると、スピードに対する障害がでてくるものだ。多くの場合、社員たちは慎重さを重んじるようになり、その結果、仕事のスピードが落ちてくる。みな、一歩下がってリーダーが何をしようとしているのかを見定めようとする。仲間をリードすることより、仲間の後をついていくことを望むようになる。だから僕は、こうした傾向を打破するため、こう宣言した。

「僕が求めるのは、完璧さではなくスピードだ」

僕は、すべての失敗を事前につぶしておいてから事を進めるより、とにかく素早く物事を進め、失敗したらそのつど修正していく方法のほうがいいと思っている。完璧に仕上げるまで待ちつづけることなど時間の無駄だ。スピードがなければ、競争に勝ち残ることはできないのだ。

楽天文化の進む先

僕らのビジネスの基盤はＩＴ技術だが、たとえ最新技術を駆使しても実現できないこともある。

その一つが「朝会」だ。毎週火曜日の朝、楽天の世界中の社員が参加する情報共有ミーティングのことで、約５０００人の社員が本社では参加している。メイン会場には、モニターが設置され、地方や海外拠点の社員たちもビデオ会議システムを通じて参加する。

生のミーティング、海外グループ会社の社員たちが発表するレポートなどにはそれなりの重みがある。同じ内容が社内メディアに投稿されても、社員は無視しようと思えば無視できるし、さっと目を通すだけで済ませることもできる。しかし、朝会には全員が参加しなければならず、参加すれば発表者の発言に耳を傾けざるを得ないだろう。

僕は今のところ、ライブで行う週一度の朝会に匹敵するほどのインパクトがある技術に出会ったことがない。

技術で補えないことのもう一つの例は、出張だ。ビデオ会議システムを用いれば時差があっても距離が離れていても簡単にコミュニケーションをとることはできるが、やはり実際に顔を合わせるミーティングの迫力にはかなわない。僕は「楽天市場」の出店者たちとの年に二度のカンファレンスに足を運んで、実際に彼らに会い、彼らが経験したことに耳を傾ける。このカンファレンスをバーチャルに開催することも可能だ。しかし、それではライブによる情熱とパワーを伝えることはできないだろう。

人間には集う習性がある。それは他人と会うことでエネルギーを与えあえるからだ。たしかに、インターネットは人と人を効率的につなぐことはできる。しかし、大人数が一ヵ所に集まり、成功談を語りあうときに生まれる熱気を再現することまではとても望めない。

楽天が成長し、より活発に世界各地で買収を進めている今、僕にとって出張はますます重要性を増してきている。もちろん新たなパートナーがたとえヨーロッパ、アジア、北米、南米のどこにいようと、ネット上では簡単にコミュニケーションをとることができる。しかし、僕らがビジネスのため一致団結するためには、顔を合わせ、お互いをよく知りあうことが大切だ。

三つ目の例は、共通言語だ。楽天の共通言語として英語を選び、英語化を楽天の優先課題にした理由はすでに詳しく述べた。しかし、ここでもう一度述べておきたい。いくら現実の会話がバーチャルなコミュニケーションより優れているといっても、異なる言語を話す者同士が通訳を介して会話すると、どうしても時間の無駄が生じる。この無駄を取り除いて、効率的な会話を実現するために共通言語が必要なのだ。

企業を作るのは企業の文化だ。どこでどんなプロジェクトを進行していようと、楽天が作り出す文化こそが僕らの追求する中心的テーマだ。これは僕らがビジネスをつづけるかぎり、永遠に変わらないだろう。

楽天流・実践のヒント　5

・企業を立ち上げることは企業の文化を作り上げることととらえる。
・社内文化に関するルールを明文化する。
・企業の文化を、日常的な業務に組み込む。

第6章 ITはコラボレーション、スピード、喜びのツールだ——インターネットのルールを書き換える

インターネット技術は今や僕らの生活の隅々に浸透している。経験豊かな起業家たちはインターネットを利用して、ビジネスを強力に展開している。インターネットビジネスがすでに日常生活に当たり前のように入りこんでいるせいか、僕らはその恩恵を忘れがちだ。

eコマース界のリーダーたちはインターネットを、効率性を高め、利益を生むためのツールとしてしか見ていないように僕には思える。しかし、インターネットに可能なことはほかにもっとたくさんある。この章では、楽天がどんなふうにeコマースを展開してきたか、それが他社のeコマースとどう違うのかをお話ししよう。インターネットの将来のビジョンについても述べたい。これは楽天にとってだけでなく、人類全体にとっても重要なビジョンだと思う。その理由も説明しよう。

eコマースは自動販売機ではない

eコマースは自動販売機ではない。このことだけはぜひ覚えておいてほしい。eコマース界のリーダーたちは、インターネットを利用して世界規模の自動販売機を作りあげた。注文品を決めてクレジットカード番号を入力すれば、商品がはき出される（送られてくる）ようにしたのだ。楽天の競合企業の中には、莫大な資金を投じてこの自動販売機のようなシステムを作ったところもある。このため、インターネットで商売をするなら、自動販売機のように利用するのがいちばんだと考える人もいる。

しかし、僕に言わせれば、その考えは狭くて、近視眼的だ。たしかにインターネットを使えば、効率的かつ迅速に商品を届けることができる。しかし世界中に存在する無数の販売業者がすべてインターネットの市場に参加しているわけではない。顧客が得るべき最大の満足を提供できているわけでもない。ｅコマース＝自動販売機というやり方は、スタート時点では理にかなっていた。しかし、顧客にとっても、小売業者にとってもインターネットの利用価値はほかにももっとあるはずなのだ。

インターネットはコラボレーション・ツールである

インターネットの技術的進歩のおかげで、ユーザーは自分と似た興味を持つ人たちと手軽に情報交換できるようになった。

かつてはあり得なかった製造者と商店との間の対等な情報交換やコラボレーションも可能になった。インターネットの登場以前、小売業では製品が、供給ラインに沿って、製造者からエンドユーザーまで、一直線に運ばれるだけだった。製造者が製品を作り、商店に運ぶ。商店はこれを買い物客に販売する。プレイヤーは各自、供給ラインの中の自分の役割をわきまえ、このラインを迂回する方法もなければ、その必要もなかった。

しかし、インターネットがこのラインを一つながりのループに作り替えてしまった。製品の販売プロセスに関わるプレイヤーたちが互いにサポートしあい、情報交換し、協力することで、すべてのプレイヤーにとって有益な状況を作り出せるようになったのだ。実際、「楽天市場」では、この状況が顕著に見られる。出店者は「楽天市場」というプラットフォームを通じてエンドユーザー、つまり買い物客に商品を販売する。しかし、ここまでの流れはけっして直線的ではない。楽天のシステムでは、販売に関わる各プレイヤーが互いに連絡をとりあえる。出店者は買い物客に直接販売でき、買い物客は出店者に対し、質問やコメントをEメールで送ることができる。楽天は出店者に、アドバイスやサポートを提供する。そして、買い物客は「楽天市場」を利用してほかにも興味のある商品を探し出すことができる。

もともと、小売りの流れは直線的だったが、インターネットを利用した新たな小売りでは、その流れがループ状のエコシステム（経済圏）に変わった。商品に関わる者すべてがコミュニケーションをとりあい、情報をシェアしたうえで、商取引から利益を得る。出店者はより多くの商品を売り、買い物客はより満足度の高い買い物をする。一方、楽天は出店者と買い物客との関係から利益を得る。

僕らはこうしたコラボレーションを、創業時から念頭に置いて事業を展開してきた。また、出店者にオンラインで商売をするための技術を提供するとともに、出店者とのコラボレーションを通じてその技術を発展させてきたのだ。

初期の段階で、出店者と買い物客とがEメールで直接やりとりできるシステムを構築することも決めた。前に述べたが、こうしたシステム設計は、当時のほかのインターネット・ショッピングモールのシステムには見られなかったものだ。多くのほかのモールは門番のように目を光らせ、出店者が買い物客と直接Eメールでやりとりすることを禁じていた。僕らはこの壁を取り払ったのだ。その結果に僕らは目を見張った。

「楽天市場」初期の出店者にジュエリー・デザイナーの内藤千恵氏がいる。彼女の作りだすジュエリーには、ヨーロッパの洗練されたデザインに日本の職人芸をブレンドしたユニークな作品が揃っていた。彼女は頻繁にヨーロッパを旅して、写真を撮り、新たな創作のインスピレーションを得ていた。彼女の作品はどれも美しく、作りもしっかりしていた。しかし、彼女がインターネットビジネスで成功した要因は、作品の美しさだけではない。買い物客との密なコミュニケーションも非常に大きな役割を果たした。

彼女は「楽天市場」を拠点に、見ていてワクワクするようなデザインのウェブサイトを作りあげ、ファンを増やした。彼女がサイトに自分の仕事に対する情熱を書き込み、旅行先で撮影した写真を貼り付けると、たくさんの買い物客たちがコメントを投稿した。彼女も返信を書き込み、出店者と買い物客とのコミュニケーションがネット上で交わされた。いつしか買い物客同士の関係も深まり、コミュニティーが生まれた。ファンたちは彼女の店の名前「ベーネベーネ」にちなんで自らを「ベネラー」と称した。内藤氏は、常連客たちにオフ会で最初に会ったときの感想について、「まるで昔からの友達に会ったようだった」と言う。

最近では、別の出店者も同じような経験をしている。DJ機材を取り扱う池部楽器店「Power DJ's」は、東京にショップを開くと同時に「楽天市場」にも出店した。出店者の市原泰介氏の目標は、オンラインでもオフラインでも同じレベルのサービスを提供することだった。彼は、目標実現のポイントが買い物客とのコミュニケーションあると考え、楽天が提供するサービスを活用して、ブログを開設。今や、日間ページビュー数が５０００人に及ぶこともあり、ブログの閲覧者が実際に彼のショップに立ち寄ることも珍しくない。市原氏によれば、「ブログを読んだ韓国や中国など外国の方が来店したこともある」という。バーチャルなコミュニケーション手段を巧みに利用して、市原氏は新しい形のビジネスを展開することに成功したのだ。彼はこう述べている。「私たちはただＤＪ機材を売っているだけではなく、音楽を愛する人々のコミュニティーを築いているのです」

これに似た話はほかにいくつもある。楽天のエコシステムでは出店者たちは各自でコミュニケーションのチャンネルを作ってビジネスに役立てているのだ。買い物客は、商品について気に入った点や不満な点を伝えることができる。出店者にとって、そうした意見は貴重だ。

将来のビジネスの糧でもある。買い物客と出店者がともに十分な満足を得られれば、楽天にとっても利益となるのだ。

しかも、楽天にとってコラボレーションは単なる商売のツールではない。インターネットが登場する前の時代には夢にも思わなかった方法で情報、アイデア、経験をシェアできるようになったのだ。そのおかげで楽天はグローバル展開を加速できただけでなく、継続的に利益を得られるようになった。

僕らがコラボレーションを重視するのは、これが成功を維持しつづける唯一の方法だからだ。初期のインターネット・ショッピングモールのようにインターネットを営利活動の管理のためだけに用いれば（現在でもいくつかのeコマース企業はそうしている）、せっかくの成果を台無しにする恐れがある。次第に、管理する側もされる側も疲弊してしまい、機会があればほかの選択肢を求めるようになるだろう。人は、自分の運命は自分で決めたいと思っている。だからこそ僕は、コラボレーションを大事にするのだ。それは、単に大きな利益につながるからだけではなく、人間の本来の生き方にも合致しているからだ。

インターネットは喜びのツールである

多くの人々はインターネットを金儲けの手段と見ている。だが、インターネットは本来、幸福を生み出す道具なのだ。

こんなふうに言うと、eコマース企業の言葉遊びのように思われるかもしれない。しかし、インターネットが喜びを生むという考えは、冗談抜きで僕の哲学の重要な一部なのだ。eコマース業界のリーダーたちがインターネットに大きな影響を及ぼした結果、インターネット・ショッピングには厳格で固いイメージが定着してしまった。たとえば、楽天以外のインターネット・ショッピングモールで買い物をすればすぐにわかるように、各商品ページに画一的なテンプレートが用意され、売り買いの過程も厳しく管理されている。どのページも代わり映えせず、脇道に逸れる自由や表現の多様性はあまりないように見える。効率的にすべてが管理されているのだ。

だが、それで楽しい買い物ができるだろうか？ 僕にはちっとも楽しそうに思えない。インターネットで買い物をするとき、誰しも楽しみやエンターテインメント性を求める気持ちがわいてくる。買い物客はすでに見聞きしたことのあるブランドのサイトだけを訪れるのではない。何か新しくて楽しいものを見つけたい気持ちもある。そして魅力的な店が見つかれば、SNSを通じて友人たちとその情報をシェアし、そこでの買い物や商品について仲間と意見を交わしたいと思っている。インターネット・ショッピングは、エンターテインメントなのだ。

消費者が買い物するときに何を感じるか、考えてみるとすぐにわかるはずだ。買い物とはもともと、半分は雑用だが、もう半分はエンターテインメントだったのだ。昔、市場は、買い物をするための場所であると同時に、近所の人たちと社交を楽しむ場でもあった。近年では、新しいタイプの市場、ショッピングモールが作られ、そこに大勢の買い物客が集まるようになった。モールはまさにエンターテインメントの場所だ。そこでは買い物だけでなく、食事、ジェット・コースターなど、さまざまなことを楽しむことができる。インターネット・ショッピングでも、消費者が雑用とエンターテインメントの両方を期待することは驚くべきことではない。だから僕らはずっと楽天での買い物にエンターテインメント性を持たせようとしてきたのだ。こうした着想を得たのは、有名な戦国武将、織田信長が開いた日本初のフリーマーケット「楽市楽座」からだ。

競合企業は、効率第一にページをデザインしている。つまり、なるべく早く買い物客が商品の購入ボタンをクリックし、レジに行って支払い、サッとお店から去ることができるようにページがデザインされている。エンターテインメントの要素をすっかり取り払っているのだ。

一方、僕らのインターネット・ショッピングモールは、商品のみならず、楽しみや喜びも提供できるように作られている。消費者が買い物にエンターテインメントを求めていることをあらかじめ考えた上でページをデザインしているのだ。たとえば、僕らのページはスクロールするだけでページ全体を見渡すことができる。どこかをわざわざクリックしてページを離れる必要がない。一つのページにいながらあちこち探検できるのだ。探検しているうちに買い物客は、何か新しいもの、驚くようなものを発見できるだろう。これこそまさにインターネットが登場する以前に行われていた買い物と同じ楽しみ方だ。買い物が、何の楽しみもなく2〜3回のクリックで終わってしまうのでは機械的な作業のようだ。インターネットでも、使い方によっては、現実世界の買い物と同じ楽しさを提供できる。それなのになぜ、つまらないページで買い物をする必要があるだろうか?

現在、多くのeコマースで、インターネット・ショッピングの楽しさやエンターテインメント性が見逃されている。ドット・コム不況の後、多くの会社は利益至上主義に走り、インターネット・ショッピングを効率的な機械作業にしてしまった。そこでは、人間がなぜ買い物をするのかという根本的な理由が無視されている。僕らは明らかに、単なる必要性からではなく、それ以上の何かを求めて買い物をしている。何か新しいものが見つかる期待感。それが買い物をする理由だ。発見の喜びを求めて買い物をしているのだ。現実世界の市場であれ、バーチャルな市場であれ、市場は人々が集う楽しい場所なのだ。

インターネットの楽しさに気づいてもらうことは簡単ではない。1990年代後半、「2000年問題」で社会全体がパニック状態に陥っていたときのことを僕はよく覚えている。日本をはじめ、先進各国では特に大きな騒ぎになっていた。時計が1999年から2000年に切り替わる瞬間にコンピューター・プログラムが狂って世界中のコンピューターが誤作動を起こすのではないかと心配されていた。銀行口座やATMは凍結し、飛行機のナビゲーション・システムは狂い、エレベーターは途中で止まってしまうという予測もあった。不安のあまり、年末には生活必需品の買い占めに走る人も出てきたほどだ。技術に対する恐れが決定的に高まっていた。

もちろん僕らは「2000年問題」の結末を知っている。2000年の年が明けても、結局、特に問題は起こらなかったのだ。コンピューターは正常に機能しつづけた。飛行機が落ちることもなかった。それまで僕らが頼りにしていた技術は、2000年を迎えても信頼できるものだった。しかし、この事件は、人々が技術に根深い恐れを抱いている事実を明らかにした。技術に対してもっと危機感を抱くべきだという主張もあった。

実のところ、当時、僕は2000年問題にあまり関心を持っていなかった。楽天のインターネット・ショッピングモールに加入してくれる店舗を探すのに大忙しだったのだ。

当時の僕にとって、技術、とりわけインターネットのすばらしさは明白だった。僕がインターネットビジネスをはじめようと決意した理由の一つは、インターネットが持つ潜在的な楽しさにあった。興銀を退職した後、自分で新たに立ち上げる会社で何をすべきか検討していた時期があった。たとえば、地ビールレストランの全国展開や、アメリカで見つけた天然酵母ベーカリーのフランチャイズを日本に誘致する事業について検討したこともある。こうしたビジネスのポテンシャルはとても高いように思われた。実際、この手のビジネスに乗り出していれば今よりたくさんお金を稼げたかもしれない。しかし、僕にはインターネットほどエキサイティングなものはないと考えた。インターネットには大きな可能性がある。これに飽きることはないだろうと思えた。インターネット・ショッピングモールこそ、僕にとってチャレンジ精神をかき立て、喜びをたえずもたらしてくれるビジネスだった。

僕は自動販売機ビジネスをするために興銀を退職したわけではなかった。eコマース(electronic commerce)の「e」は、エンターテインメント(entertainment)の頭文字「e」でもあると考えている。技術は僕らの生活を豊かにし、世界規模で人々を結びつけ、多くのチャンスを与えてくれている。そんなチャンスの一例が、eコマースだ。それが楽天のビジネスのすべてに関わる基本認識だ。

インターネットはスピードアップのツールである

インターネットの出現が世界にもたらした最大の利点は、コミュニケーションの高速化だろう。情報はほぼクリック1回の速度で伝達されるようになったのだ。それに伴ってすべての活動が高速化した。

僕がインターネットとそのスピードのすばらしさに気づいたとき、楽天はまだ社員2人の会社だった。ある朝僕が出社すると、唯一の同僚がコンピューターのモニターでウォール・ストリート・ジャーナルを読んでいた。１９９０年代の話だ。当時、インターネットはまだ世に出たばかりで、まったく未発達な段階にあった。僕が同僚のモニターをのぞき込むと、彼はその日の日付の号を読んでいることがわかった。これは僕にとって衝撃的だった。

インターネット登場以前、日本でウォール・ストリート・ジャーナルを読むにはそれなりの時間と忍耐が必要だった。まずアメリカで新聞紙が印刷され、それが東京行きの飛行機に乗せられ、空港に届けられて、ようやく日本の購読者の手に届いていたのだ。僕が読んでいたウォール・ストリート・ジャーナルも、少なくとも1日、ときには2日は到着が遅れていた。しかし、同僚がオンラインで、リアルタイムにウォール・ストリート・ジャーナルを読んでいるのを目の当たりにした日、僕はインターネットがビジネス界に大改革を巻き起こしたことを悟った。インターネットが商業活動のあらゆる場面から無駄な時間を省いてくれるのだ。この技術がどんな恩恵をもたらしてくれるのであれ、あの時点における最大の利点は明らかだった。スピードだ。

インターネットは、市場で製品が売り買いされるスピードを上げるだけではない。インターネットを使えば、すべてがスピードアップするのだ。

食習慣を例にビジネスが伝わるスピードを考えてみよう。僕は子供のころ、アメリカのコネチカット州に2年間ほど住んだ。そのころ、アメリカ人が寿司を食べるようになるとは誰ひとり想像していなかっただろう。西洋人の舌には合わないと思われていたのだ。しかし、よく知られているとおり、変化は起こった。現在、アメリカ中に寿司屋が林立している。ただしそうなるまでに十数年間を要した。

日本から伝播がはじまった別の食品の例を見てみよう。台湾発祥とされるタピオカティーだ。世界で最初にタピオカティーのブームが起こったのは日本だった。ただし寿司の普及の例と違って、日本のブームがはじまって数ヵ月以内にアメリカでもタピオカティーのブームに火が付いた。なぜ数ヵ月だったのか? インターネット時代のニュースは瞬く間に広がっていく。ある国でヒット商品が生まれるやいなや、別の国の消費者は簡単にそれを見つける。その商品のすばらしさについて別の消費者の意見を聞くこともできる。コミュニケーションによって商品サイクルがスピードアップされるのだ。寿司がアメリカに伝わって広がるまでは十数年を要したが、タピオカティーはわずか数ヵ月と何回かのクリックで同じルートを旅した。産業をスピードアップさせる点だけでも、インターネットの価値は計り知れない。

インターネットは人間の生活を向上させる

僕が今のビジネスを選んだ理由には、起業したいという思いのほかに、人々の生活の質を向上させたいという思いもあった。世界の人々の生活に貢献できなければ、真に偉大な企業とはなりえない。インターネット企業を興せば、いくつもの方法で人々の生活を向上させることができると思った。

インターネットは中小企業を支える土台となる、と僕は予想した。そこで僕らは楽天を立ち上げてまもなく、中小企業が経営危機に瀕していた商業地帯を駆け回った。かつて家族経営の会社で賑わった商店街は、大企業のショッピングモールに客足を奪われてしまっていた。統廃合が進んでいたのは商店街だけではない。ほかの産業も縮小していた。小規模な会社は市場から締め出されつつあったのだ。

しかし、ビジネスのプラットフォームとして登場したインターネットに、中小企業の経営者たちは新たな活路を見いだし、将来の展望を描けるようになった。だからこそ、僕はインターネット関連ビジネスを立ち上げようと決意したのだ。単に僕自身が金を稼ぐためだけでなく、社会のあらゆる人々に利益を得るチャンスを与えるためだった。こうして僕は新しいタイプのビジネスマンとして生きていく道を選んだ。自社の利益を上げるだけでなく、人々の生活を向上させることを会社設立の目的として掲げたのだ。

僕のオフィスには、楽天に関係する人々のエピソードをいくつも集めてファイルした冊子がある。そこには、章ごとに「楽天市場」の出店者一人一人のプロフィールが記されている。たくさんの思い出深いエピソードが詰まった冊子だ。

晒染色加工業を営む、ある家族の話を紹介しよう。創業は１９２８年で、代々家長が社屋の傍を流れる川で綿を洗い、河原で並べて日干ししてきた。小規模ながらも専門性の高い技術を活かしたビジネスだった。しかし、創業者の孫が会社を継いだとき、会社の営業状況はかなり悪化していた。中国から輸入される安価な繊維が市場に出回り、小規模な繊維メーカーは価格面で中国製品に太刀打ちできなくなりつつあったからだ。取引商社からの発注が減少の一途であった。

経営者になって間もない孫は、新たなビジネスルートを開拓することを決断した。晒（漂白）染色の技術を追求する伝統は維持したまま、「楽天市場」に「アートデジタルプリント工房」（現在「Fabric Plus」）を開いて新たな市場を開拓することにしたのだ。新たなターゲットは、主婦層だった。彼はエンドユーザーに直接売り込みをかけた。自分たちの作る繊維が格別にすばらしい理由を記したニュースレターをメールで配信したのだ。繊維の品質を高める技術がどんなものなのか、担当者の声を紹介し、彼らが品質管理にどれほど熱心であるかといったことも書き込んだ。このメッセージは消費者に好意的に評価され、いつしか会社は価格ではなく品質で勝負できるようになっていた。こうして彼は、日本での製造技術の維持と会社・従業員を守る戦いを今も継続している。

高知県にある竹虎㈱山岸竹林店という会社は、表面に虎模様の入った虎斑竹《とらふだけ》と呼ばれる竹から製品を作っている。虎斑竹は、山岸竹林店周辺の山にしか生えない特殊な竹だ。４代目社長の山岸義浩氏によれば、インターネットが家業を救ったという。「オンライン販売をしていなかったら、私たちの事業は生き残れなかった」

もし彼らの事業がつぶれてしまっていたら、被害は経済的な損失にとどまらなかったはずだ。彼の先祖が代々築いてきた工芸技術まで失われるからだ。山岸氏は次のように語っている。「竹には特別な力があります。食卓の上に竹でできたものを置くだけで、人々はそこに日本の心が宿っているのを感じられます」

こうしたエピソードを読むたびに、僕は、地ビールレストランでもベーカリーのフランチャイズでもなく、インターネットビジネスを選択してよかったと思う。

いうまでもなく、インターネットという技術が影響を及ぼす範囲はビジネス界にとどまらない。インターネットによって、人と人とは以前に比べ、より速く、より濃密な関係を築くことができるようになった。一つの国の文化と言葉だけしか知らずに育った人同士でも、国境を越えてコミュニケーションをとり、理解しあえるようになったのだ。僕の夢は、インターネットを通じて、国境を越えてより多くの人間が共感しあい、協力しあうようになることだ。近い将来、国ごとに人を隔ててきた言語、文化、国民性といった昔からの境界は次第に消えていくだろう。

今や異なる文化圏の人々が最初にコンタクトをとりあう機会は、eコマースを通じた取引の場ではないだろうか。この出会いは今後どう発展していけるだろうか。商取引が国境を越えて成り立つなら、ほかにも協力して解決できる問題はないだろうか。歴史上、異文化間の重要な出会いの発端は、多くの場合、商取引だった。人類はビジネスを通じて互いのことを学んできたのだ。

国境による障壁のない世界を作りたいというビジョンが、僕のインターネット哲学の根源にある。ほかのｅコマースを扱う多くの企業は、インターネットを商取引の管理に利用し、より効率的に、より速く、より完璧にコントロールしたいと考えているようだが、僕はインターネットを世界の変革を加速させるために使いたい。僕らが作り上げた「楽天経済圏」は、創造的な実験の場だ。僕らの試みが、社会にどのような影響を与えるのかはわからない。しかし、インターネットという偉大な技術が、僕らのビジネスの成長、文化の存続、そして人類の快適な生活に不可欠であることは確かだ。

偉大なアイデアは、自動販売機から勝手にこぼれ落ちたりはしないのだ。

経団連脱退とＳＮＳ

楽天はさまざまなインターネット・サービスを国内外で展開し、成長してきたわけだが、今も常に新たな技術のプラットフォームを探しつづけている。ソーシャルメディアも、まだ誕生して間もない技術だが、僕らは次世代のプラットフォームとして多方面に活用している。

2011年、楽天は経団連（日本経済団体連合会）から脱退した。日本のエネルギー政策などをめぐって、経団連が目指す方向性と異なったためだ。ビジネスの世界で意見が食い違うこと自体は珍しくない。異例だったのは、僕が経団連脱退をしようとすることを公表した媒体がツイッターだったことだ。これは大きな注目を浴びた。一会員がいきなり公表するなどあり得ないことだった。僕がいち早く自分の意思を表明したことは、それだけで事件だった。

組織を正式に脱退することを公表するには、記者会見をしたり、メディアを通じてコメントを発表したり、記者に対して意見を述べたり、いろいろな方法があるだろう。しかし、僕はすべての選択肢をすっ飛ばしてツイッターを使った。

「そろそろ経団連を脱退しようかと思いますが、皆さんどう思いますか?」

経済界にざわめきが起こった。わずか数十文字を打ち込んだだけで、僕はたくさんのことを一度にやったわけだ。まず僕は、エネルギー政策に対して自分の意見を主張し、この国家的な重大問題について経団連のトップと交わした議論を公にした。さらにソーシャルメディアの活用を訴えた。僕は、最新の音楽やファッションについてツイートするような10代の若者ではない。企業のCEOという立場を背負っている。

僕の考えははっきり伝わったはずだ。ソーシャルメディアは、世界の経済界にリーダーとしての意見を述べる強力な手段にもなりうるということだ。

ＳＮＳの提供者たちはみな、自らのサービスにかわいらしい名前をつけた。Twitter、mixi、Facebook。こうした名前もあって、これらのツールの持つ力は軽視されてきた。しかしソーシャルメディアは、ビジネス、政治、そして地球上のあらゆる事象に変化を巻き起こせる強力なメディアだ。僕は、ソーシャルメディアのかわいいネーミングや表面上の機能に惑わされることなく、その可能性に注目してきた。

ソーシャルメディアをどう使うか

楽天はインターネットの世界でユニークな存在だったため、大きな成功を収めることができた。しかし、不安もあった。僕らのやり方をまねる競合企業がいずれ現れるのではないかという不安だ。

ｅコマース業界で、他社のビジネスモデルの模倣は日常茶飯事だ。競合企業がどのようにビジネスを進めているか、ネットを介せば比較的簡単にわかってしまうからだ。昔は、ビジネス手法の詳細な情報を手に入れることは非常に難しかった。そのため、同じ手法をまねて、より安く、より大規模に展開するようなやり方がなかなかできなかった。しかし、ｅコマース業界ではそうはいかない。インターネットは強力なツールだが、その分、オンラインビジネスの内容は簡単に誰にでも知られてしまうのだ。

これは対消費者型eコマースにおいて特に顕著だった。のんびりしているとすぐに人にまねされてしまう。だからeコマース業界の競争は熾烈だ。しかし、その過程でeコマースの定型の勝ちパターンのようなものが見えつつある。eコマースの成功に不可欠な要件は次の三つだ。

1. 利便性　いつでも、どこでもサイトを開けて、商品を注文できなくてはならない。販売されている商品は常時在庫が用意されていなければならず、オンラインショップは年中無休かつ24時間の顧客対応を求められる。それができないオンラインショップはeコマース業界からはじき出されることになる。サイトの機能停止や商品の在庫切れは、それがわずかな期間であっても、ずさんさの現れと受け取られ、瞬く間に評判を失ってしまう。

2. 妥当な価格　消費者は最安値でなくとも、業界の基準に照らして妥当で、ほかのサイトとほぼ同等な、いわゆる「ベスト・プライス」を求めている。

3. 安全性　注文した商品が安全に、そして何の問題もなく届かなければならない。消費者はサイトを信用して自分のクレジットカード番号を預けているので、それに応えてセキュリティ上の安心を保証する必要がある。また、商品の運送も迅速に行い、消費者に安心感を与える必要がある。

この三大要件は、長年かけて多くのeコマース企業が成し遂げてきたことだ。初期には、eコマース企業が大きな障害もなくただ安定的に運営されているだけで注目された。だが、月日がたつにつれて、ネットショッピングの安定性は当たり前になり、消費者を引きつける要素ではなくなった。

僕は、すべての主要なeコマース企業が、ここ5～10年以内に利便性、妥当な価格、安全性の三大要件すべてを提供できるようになると予測している。それではどうすれば「楽天市場」への出店者をほかと差別化し、より多くの買い物客を獲得するようにできるだろうか。

そこで、僕らはソーシャルメディアにかなり早い段階で着目した。eコマース・ビジネスが平均化していくことは時間の問題で、競合企業と差別化するためにソーシャルメディアの導入は必要不可欠だった。

楽天がはじめに提供したソーシャルメディア・プログラムは「店長の部屋」と呼ばれている。これは、各店舗の店長個人が「住む」バーチャルな空間だ。ここに出店者が掲載する記事を通じて、出店者が過去、現在、未来の買い物客といつでもコミュニケーションをとることができる。ソーシャルメディアを使うことで、「楽天市場」の店長たちは外に向けて広く発言できるようになったのだ。

ただし何でも好き勝手にコメントを載せるのは効果的ではないだろう。だから楽天としてソーシャルメディアの利用について、出店者に以下のような三つのアドバイスをした。

・その店舗が持つ独自の魅力を強調すること
・買い物客を大事にし、彼らの声を受けとめられる場を設けること
・（ソーシャルメディアで発信するためにも）効果的かつ効率的にｅコマース活動を管理すること

ソーシャルメディアと出店者

三つのアドバイスに共通するポイントは、店長が仮想的なｅコマース業者ではなく、近所に店を構える商店主であるかのような親しみやすさを買い物客に感じてもらえる内容の投稿をしようというところにある。さらに、販売する商品やサービスの基本的な情報だけでなく、出店者の個性が目立つ投稿をすべきだともアドバイスした。

ありがたいことに出店者たちはこうしたアドバイスにみごとに応えてくれた。多くの出店者が実践しているのは、商品開発の様子を日記風に紹介し、新商品が生み出される過程を買い物客に公開することだ。買い物客はその商品がどのように作り出され、出店者がどれほど熱心に仕事に打ち込んでいるかを知る。

自分たちの取り扱う商品にまつわるユニークな情報をサイトに載せる出店者もいた。ある卵販売店は、卵の品質の良さを消費者に伝えるために毎日のようにブログを更新したり、定

期的にメールマガジンを配信したりしている。ある日彼らの育てる卵がどこよりも優れていることを証明するため、店長は生卵を箸や指でつまんで持ち、黄身が崩れない様子を写真で見せた。それは、卵の品質が最高級であることを示していた（そのことも彼は説明した）。このような分かりやすい形で、鶏の飼育環境や餌などを含め、自分たちの育てる卵について、頻繁に情報発信を続けることで、自分たちの卵はいつでも高品質が保証された卵であるということ証明しようとしたのだ。結果として、そのサイトには定期的にファンが訪れるようになり、その多くは卵を定期的に購入してくれるリピーターだという。

これは、出店者が自分の店に新たな買い物客を集める方法として独創的で興味深い。「私の卵は最高品質のものです」といった宣伝文句を並べる代わりに、彼の卵が最高品質を持つという根拠を、なんとも分かりやすい形で証明したのだ。ソーシャルメディアを使うことで、日常的な商品が特別なものになり、買い物客の興味を引きつけることに成功したのだ。その結果、すぐに彼のもとには卵の注文が殺到したという。まさに驚異的な成功だ。卵はありふれた商品で、ネット上でなければ買えないというものでもない。しかし、出店者がソーシャルメディアに工夫を凝らし、とてもユニークで興味深い記事を載せたことで、彼の卵は格別というメッセージが消費者の心に届いたのだ。彼のような個人的なストーリーを持たないスーパーマーケットの卵では、とても太刀打ちできないだろう。

商品を仕入れに行くための出張の様子をソーシャルメディアで公開した出店者もいる。仕入れの過程は日記形式でつづられ、買い物客は商品の舞台裏を垣間見て、商品がどのような場所から仕入れられているのかがわかる。こちらも本当にすばらしいアイデアだ。購入者は、自分がどのような商品を購入し、その商品を通じてどのように世界とつながるのか、そして、小規模な出店者でもグローバル経済に貢献していることを知るのだ。

出店者たちはソーシャルメディアを使ってeコマースの場に自分の「顔」を出してくれた。ほかにも新しい従業員を紹介したり、商品開発の進捗を随時報告したりするような使い方もされている。

出店者個人の情報に加え、店のイベントや新製品の情報、またはセール品の情報など、今までにもあったような情報も当然ながら公開されている。ソーシャルメディアに投稿することで、楽天の出店者たちは、従来どおりの広告内容に加え、買い物客に親近感を抱かせるような私的な情報も提供することができるのだ。

こうしたツールのおかげで出店者は単に情報を流すだけではなく、買い物客と会話のキャッチボールを交わすことができるようになった。実際、買い物客は個人的に出店者と会話したいと思うようになっている。買い物客が商品のレビューを投稿したら、出店者はこれに返答のコメントをすべきだろう。それを見た別の買い物客がコメントや回答を投稿することもあるかもしれない。このやりとりをくり返していけば、出店者と交流したり、ほかの買い物客と交流したりすることを望んでいる買い物客は自然と掲示板に書き込みをするようになる。楽天の出店者たちは、こうした交流の場を通じて買い物客との絆を強めつつある。

ソーシャルメディア戦略において重要なのは、多様性だ。一つのツールしか持たない会社は問題を抱えやすい。こんにちのインターネット社会では、どのようなツールもいずれは時代遅れになる運命にある。僕が使っているTwitterには十分な機能があるが、現在は新たなソーシャルメディアを次なるプラットフォームとして用いることを検討している。一つのソーシャルメディアを未来永劫使うなんてことはあり得ない。ソーシャルメディアの世界は、常に流動的なのだ。

僕は、楽天の出店者がただ一つのソーシャルメディアのプラットフォームにしがみつくことを望んでいない。成功を重ねていくには、出店者は複数のプラットフォームを用い、将来的にはより多くのプラットフォームを利用することを念頭に置いておかなければならない。2012年に僕らが行った調査では、楽天の出店者はFacebook、mixi、Google+、Twitterなどを巧みに使いこなしていることがわかった。そこで僕らは楽天の出店者が複数のツールに簡単かつ効率的にアクセスできるインターフェースを作った。こうして楽天の出店者たちが利用できるソーシャルメディアの幅が広がった。

僕らは、文字だけではなく、動画など視覚的な情報を投稿できるようなツールを開発した。インターネットのユーザーたちの目にとまりやすいのはやはり視覚的なコンテンツだ。出店者が商品販売とは関係のない情報を掲載していても、動画があれば、サイトを訪れた買い物客の目にパッと視覚的刺激が入る。

投稿された記事をまとめて紹介する「店長の部屋Plus+」というページも設置した。出店者が記事を投稿すると、このページに記事のタイトルが自動的にリスト表示されるのだ。これによって記事の読者が増えるばかりでなく、検索エンジンの検索結果で出店者の検出順位が高くなる効果もある。

さらに楽天の出店者がソーシャルメディアでの自分の投稿がどんな効果を及ぼしているのかを解析し、パフォーマンスを最適化できるツールを用意した。視覚的な解析ツールを使って出店者は自店のページビュー数と訪問者数を確認できる。どのようなキーワードがサイトに訪問者を引き寄せ、どのような買い物客層が訪れているのか、その年代や性別について統計的データを得られるのだ。

楽天の出店者には、買い物客と接する一連のサイクルの、どの時点で、どのツールが最適なのかを学んでもらいたいと思っている。買い物客を魅了し、彼らの目を店舗に引き寄せるためには、記事を投稿して、活気あるサイトにする必要がある。売買が成立する前に、出店者は商品に関するコメントを投稿し、買い物客と直接やりとりして個々の問題に取り組まなければならないだろう。

売買が成立したら、「おもてなし」の出番だ。買い物客一人一人に上質で、ていねいなサービスを届けるのだ。ここでインターネットで長い間利用されてきたコミュニケーションツールである掲示板が効果を発揮するはずだ。僕らが折に触れて出店者に伝えているのは、各ソーシャルメディアにはそれぞれ違ったよさがあり、その場に適したツールを選び抜くには十分な検討が必要だということだ。

こうして僕らは、出店者にさまざまなツールで万全の準備をしてもらいながら、来るべきeコマースの平均化の波に備えている。eコマース企業のほとんどが利便性、妥当な価格、安全性という三大要件を満たすころ、楽天の出店者はソーシャルメディアの扱いに熟達し、店舗サイトにはそれぞれユニークな経験談がたくさん掲載されているだろう。こうしたコンテンツの積み重ねまでは誰もまねできない。今後どれほど多くの卵販売業者がeコマースに参入しようとも、あの楽天の出店者は卵販売で先頭を走りつづけるだろう。利便性、妥当な価格、安全性で勝負しようとしても、オリジナルのストーリーを持つ楽天の出店者には太刀打ちできない。その点で、楽天の出店者はすでに競争をリードしている。

楽天は出店者にソーシャルメディアを使うことを強制しているわけではない。「楽天市場」に参入する多くの店舗は、eコマースの経験がなく、コンピューターの操作に慣れるだけでも精いっぱいなのだ。めまぐるしく変化するソーシャルメディアは複雑で、とても手が出せないと感じる人も多いだろう。

それでも僕らは、ソーシャルメディアを初心者でも使えるようにデザインしなおし、出店者がそれを使って売り上げを伸ばす方法を習得し、活用できるようになるまでサポートしなければならないと考えている。決まったやり方をむりやり押し付けるのではない。出店者に最新の、そして最良の成功法を提供するのだ。楽天の出店者の成功談を詳しく見てみると、最初はコンピューターのことをほとんど何も知らなかった出店者が、ごく短期間にソーシャルメディアの使い方をマスターしているケースは少なくない。僕らが、可能な選択肢を提示すれば、出店者は情熱をもってそれに応えてくれるのだ。

僕は、楽天のソーシャルメディア戦略に自信を持っている。ソーシャルメディアは僕らのビジネスと切っても切り離せないものだ。出店者個人のエピソードは、それに対する僕らの思いとともに楽天の歴史の大きな部分を占めている。こうしたものが存在していなかったころから、僕らは買い物客とのコミュニケーションや店長個人のエピソードをいろいろな方法で共有しつづけてきた。当初、楽天のサイトは「ショッピング・カートの付いたブログ」だとよく揶揄されていた。この言葉は僕らが求めているものをなかなかうまく言い得ている。「楽天市場」は、もともと個人や商店が集まって、自分のエピソードを紹介したり会話を楽しんだりする場所だった。他社が提供しているような「自動販売機システム」と楽天は違うのだ。僕らは一度も、画一的で、顔の見えないショッピング・システムを立ち上げたいと思ったことはない。僕らが興味を持っているのは、個人と、その個人が世界に発信したい物語だ。オンラインでも顔の見えるパーソナルな体験を共有することをテーマとしつづけてきた僕らにとって、ソーシャルメディアの登場は願ってもないものだった。僕らはこれを活用して人々の生き生きとした物語を発信できる自信がある。

インターネット・ショッピングモールにとって、ソーシャルメディアは脅威になると予測する人もいる。もちろん、消費者はこれらの新しいツールを使っていろいろなサイトを探検し、競合企業の商品を見て回ることもあるだろう。しかし、僕には、eコマース企業にとってこれが脅威になるというより、最終的には消費者を含め全員が潤うような協働の場になるように思える。大事なのは、情報共有から身を守ろうとして、自分のビジネスを壁で囲まないことだ。壁を取り払い、有益な取引ができるように、ソーシャルメディアを工夫して利用すべきなのだ。楽天はFacebookをはじめとするソーシャルメディアを利用しているが、それはFacebookのような会社と楽天のような会社が、いっしょにビジネスを行うことによってともに利益を得られると考えているからだ。ソーシャルメディアは実際に物を動かす流通ビジネスではない。彼らがやっているのはコミュニケーション・ビジネスだ。彼らは毎日取引状況や配達状況を管理することに必ずしも積極的ではない。これは僕らeコマース側の仕事なのだ。それぞれの役目をうまくこなしていけば、両者は消費者にさらなる喜びを与えていけるだろう。

今後ソーシャルメディアはどのように進化していくのか。それに伴ってどうすれば僕らはグローバルな競争の中で生き残っていけるのか。そのことを真剣に考えなければならない。僕らが世界規模で拡大していけば、FacebookやFoursquare（位置情報に基づくソーシャル・

ネットワーキング・サービス）などソーシャルメディアは、「楽天市場」の出店者にとって口コミ販売の絶好の場になる。たとえば、ソーシャルメディアはタイやインドネシアなど東南アジアの国々でも普及しており、出店者がソーシャルメディアによる情報発信をはじめれば、新たな国で新たな消費者とつながっていくだろう。

僕らも技術力にさらに磨きをかけ、出店者がツールをもっとうまく使いこなせるようにすべきだろう。たとえば、僕らは、大人気のFacebookを出店者が簡単に活用できるように、出店者向けに専用の機能を開発して提供した。出店者たちはこの機能を利用して創造的な販売促進活動ができるようになった。

これからも楽天はインターネット・ショッピングモールのハブとして、出店者たちに対してソーシャルメディアのすばらしさと、これらのツールがどれほど売り上げに貢献するかを伝え、理解してもらう役割を果たしていくだろう。

ネットの未来は？

インターネット革命は起こったが、それはインターネット全体の発展からすればまだまだ序の口と言っていい。インターネットがビジネス、社会、そして人類に変化をもたらす時代はこれからはじまるのだ。将来、歴史の教科書には、インターネットの登場は、産業革命や自動車の発明と同じくらい劇的なことだったと記述されるだろう。

今後、インターネットビジネス分野での競争はますます熾烈になるだろう。競争相手が国内企業だけなら、熾烈といってもたかがしれている。しかし、実際は、インターネットを介してグローバル市場に参入してきた、世界のすべての企業と競争しなければならないのだ。一方、インターネットやブロードバンドがさらに世界中に広まっていけば、世界市場にはさらに多くのビジネス・チャンスがやってくる。これは、僕らのように新たな市場を見つけたいと思っているのであればありがたい話だが、同時に、ライバルが一挙に増えるということでもある。「長所は短所でもある」のだ。

それでも、ビジネス界の挑戦は、産業を刺激して新たなイノベーションを促すだろう。近い将来、インターネットが、テレビ、広告、販売などを今とは違う形態につくり替えていく。そのすぐ後に、今度は教育界で革命的な変化が起こるはずだ。最終的には、すべての業界がインターネット抜きでは成り立たなくなり、今僕らの周りで見られるような、コラボレーションとスピードと喜びにあふれる仕事が、ほかの産業分野でも実現していくに違いない。

楽天流・実践のヒント　6

・インターネットを単なる自動販売機のようなものではなく、それ以上に価値のあるものだととらえる。

・インターネットはまだ進化の途上にあり、ソーシャルメディアのような新たなコミュニケーションのプラットフォームを提供しつづけるものであることを理解しよう。

・インターネットを活用して、常に進化し、密なコミュニケーションやエンパワーメントをつづけられるようなビジョンを描いてみよう。

第7章 ショッピングの新発見——eコマースのルールを書き換える

どんなルールも、書き換えるのに早すぎるということはない。ルールの書き換えに聖域は存在しない。たとえ新しいルールであっても、もっと効果的、もっと効率的なルールに変えられるとわかったその瞬間が修正すべきときだ。

僕らはｅコマースをはじめたときから、この姿勢を維持している。ｅコマースは当時まだまったく新しい分野だった。いや、今もまだ新しい。ｅコマースがはじまってからたったの20年ほどしかたっていない。新しい技術や、新しいビジネス・メソッドが毎日どんどん登場している。この業界は常に流動し、常に進化しているのだ。といっても、最初にｅコマースをはじめた数社のやり方が、あとから参入した多くの会社にも導入された結果、この流動的な業界にもそれなりのルールができあがった。

しかし、僕らはそのルールに従わなかったし、これからも従うつもりはない。この章では、僕らがｅコマース界のルールを打ち破り、それによって楽天だけではなく、「楽天市場」に店を出している商店やその買い物客にとっても新しい道が開けたことを説明する。

ｅコマース界のルールは新しい。しかし、どんなものにも改善の余地はある。

人は価格だけでは動かない

僕が生まれ育った神戸には、通りを歩くとたくさんの商店があり、いろいろなものを地元の消費者に売っている。商店街の一角にある魚屋は、地元の人たちと何年も付きあいのある店主が個人で営んでいる。同じ通りをさらに下っていくとスーパーマーケットがある。そこは比較的最近オープンし、個人ではなく会社によって運営されている。そこでも魚が売られている。そして、日によっては魚屋よりも同じ魚に安い値札がついている。

しかし、個人の魚屋もスーパーマーケットも同じ地域にありながら経営が成り立っている。どうしてそんなことが可能なのだろう。顔が見える距離で同じ商品を販売している競争相手だ。ほとんどの場合、スーパーマーケットのほうが同じ商品を安く販売している。近年の消費者マーケティングのビジネス理論によれば、安いほうが勝つ。理論どおりなら、僕の地元で魚を求める人たちはみなスーパーマーケットで購入することになる。

しかし現実はそうではない。スーパーマーケットができれば痛手をこうむる小規模商店はたしかに存在する。しかし、すべての商店がそうなるわけではない。小規模店舗が活躍できる場所は必ずある。なぜなら、小規模店舗は、スーパーマーケットにはまねのできないような付加価値を消費者に提供できるからだ。それは人の顔である。

僕ら楽天が挑んだビジネスのルールの中で、常識として根強く定着していたのは、「価格はすべてに勝る」というものだ。ここ数十年、多くの販売業者は、涙ぐましい努力をして低価格を実現してきた。典型的な例がウォルマート、最近の例はアマゾンだ。こうした企業の成功例を目の当たりにしているから、ほかの企業も、消費者が商品を購入する店舗を選ぶ最大の理由は、とりもなおさず価格にあると考えてしまうのだろう。

しかし、楽天はこの考えを受け入れなかった。たしかに消費者は公正な価格を求める。納得できない商品やサービスに、やみくもにお金を支払うことはない。しかし、僕らの経験上、消費者の行動が価格だけで決まるという考えにはどうしても賛成できなかった。消費者の行動を決定するのはヒューマンな要素ではないのか。僕らはこの考えを土台に、「楽天市場」を立ち上げ、拡大させてきた。

この章では、人的要素が消費者の行動の主な原動力としてどのように作用するのか、そしてこれからどう変わっていくのかについてもお話ししよう。人間味のあるeコマースの可能性を信じ、ビジネスに取り組んできたから、楽天はeコマース企業の中でもとりわけ際立つ存在になったのだと思う。大企業の多くは明らかに、競合企業との競争の武器として、市場で低価格と効率性だけを追求してきた。しかし、市場の裏にある現実はもっと複雑だ。eコマース企業は、その現実を直視して、複雑さをうまく利用すべきなのだ。

買い物の原点はエンターテインメントだ

僕がこのビジネスを立ち上げたとき、安く、効率的である以上の価値のあるeコマースを実現したいと思った。つまり、自動販売機でものを買うように、「クレジットカード番号を打ち込んだら商品が届いて終わり」にはしたくなかったのだ。ショッピングには楽しみがなければならず、目的のある楽しみがショッピングの原動力でなければならないと考えた。

最初のころ、僕らはこのようなショッピングを「エンターテインメント・ショッピング」と呼んでいた。必要な商品を届けるだけではなく、楽しいひとときも提供するショッピング。僕らは遊び心と刺激に満ちたサイトを作り、出店者にも同じようにしてほしいと呼びかけた。伝えたのは、買い物客を店から追い出そうとしてはならないということだった。客をもてなし、自分の店の楽しい部分、個性的な部分、そしてエキサイティングな部分を客と共有するのだ。

僕らのやり方と競合企業のやり方の違いは、どこにあるのか？ まず言えるのは、楽天の目的は、ショップと客が良好な関係を長期的に築くことだ。僕らは、客がいつでも自分の欲求を満たすことができて、そのうえ、楽しい商品を見つけられるようなシステムを作ることを目指している。僕らは各店舗のサイトが中心にくるように「楽天市場」の構造を設計した。

つまり、買い物客が「楽天市場」を訪れたとき、希望どおりのショップを見つけやすいようにデザインしたのだ。一方、多くの競合企業は商品中心のデザインをしている。つまり、買い物客が目的の商品を探しやすいようにデザインされているのだ。しかし、それではショッピングというより、むしろ検索だ。たしかにそれは便利にはちがいない。しかし、商品を手に入れることはできても、そこに発見の楽しさはないだろう。この方法は、僕らに言わせれば、客と出店者との関係が深まる可能性を摘み取ってしまうものだ。逆に、ショッピングに新たな発見があればさらなる売り上げにつながるし、また客にとっても、ショッピングの楽しさが増すことになる。

「楽天市場」に広がる多様な店舗サイト群にユーザーが楽しさを感じられるように、僕らは出店者に自由に店舗サイトをカスタマイズする権限を持たせている。この自由は、楽天の際立った特徴である。ほかのインターネット・ショッピングモールでは、出店者たちは定型に沿ったウェブサイトを作ることしか許されていない。合理化という点では効果的なシステムだ。金と時間を節約することもできるだろう。しかしそれで楽しいだろうか？　エンターテインメントの要素はあるだろうか？　買い物客はいろいろと見て回って楽しむことができるだろうか？

楽天のサイトを訪れた買い物客は、ほかのサイトでは得られない時間を過ごせるはずだ。「楽天市場」には、金太郎飴を切ったような店舗は存在しないからだ。僕らは個性が際立って見える店舗を歓迎し、客が自分たちの当然の権利としてさまざまなショップを眺めて回り、楽しんでくれるのを期待している。

長い月日をかけて、僕らはこうした独自のネットショッピングの形態を作りあげてきた。買い物客は派手なグラフィックスや新たな技術が躍るというような単なるエンターテインメントではなく、何か価値あるものを発見したくて僕らのサイトにやってくるのだ。僕らのプラットフォームは、スピードや効率性以上の価値を提供している。僕らは、発見の楽しさに満ちたショッピング、「ディスカバリー・ショッピング（発見に満ちた買い物）」のための広場を築いたのだ。

ディスカバリー・ショッピングとは？

ディスカバリー・ショッピングを生み出す要素とは何か？

・モニター越しのつながり：最も明確な要素は、「楽天市場」の出店者は買い物客と直接やりとりできる点だろう。他社のマーケットプレイスと違って、出店者は、買い物客を知ることができる。自由に買い物客と情報を交換し、自らその関係をコントロールできるのだ。したがって出店者は、ネット上とはいえ、買い物客に対して生きた人間として対応できる。

・コミュニティー：商品を購入するお店以外のさまざまな情報源から情報を引き出せる点。多くの場合、買い物客は商品やサービスについてほかの客の意見を聞きたがっている。消費者は実際に購入する前にコメントを読み、質問をし、ほかのユーザーと交流したいと考えているのだ。これが発見のプロセスだ。楽天は、出店者がこのような交流の場を設けることを奨励している。楽天の店舗サイトの特徴は、世界中の客が、出店者やほかの客と商品について情報交換できるような、活気あふれるコミュニティーを提供していることだ。たくさんの人が参加するおしゃべりの場を設けることで、買い物客は自ら新たな発見をすることができるのだ。

数年前まではウェブ上に掲示板を提供するだけですばらしいアイデアだと称賛された。しかし今、買い物客たちは、スマートフォンやソーシャルメディアを通じてショップにアクセスしたいと思っている。彼らは文字だけでなく視覚的コンテンツも多用したコミュニケーションを望んでいる。買い物客たちは社会的なつながりを求め、それを可能にする新技術が登場すればいつでも受け入れるのだ。

2012年にカナダの電子書籍サービス事業者Koboを買収した理由の一つは、Koboが読書という趣味にソーシャルな要素を加えていた点に大きな魅力を感じたからだ。僕らの競合企業も電子書籍を販売しているが、それは読者が一人で楽しむものでしかない。しかしKoboの技術は、同じ作品を読むほかの読者とつながることを可能にする。Koboの電子書籍端末やアプリケーションを使って本を読めば、その本を通じて新しい友人、新しいコミュニティー、本の新たな魅力を発見できるのだ。

また、僕らがPinterestというコンテンツ共有サービス会社に出資したのも、ディスカバリー・ショッピングに近づけると判断したからだ。Pinterestの導入によって、楽天の買い物客が、もっと豊かで、もっと密接なインターネット・ショッピングを求めていることが改めてわかった。Pinterestの魅力は、なんといっても感情を表現し、共有できる点にある。Pinterestのモットーは、「あなたの好きなものをまとめ、シェアしよう」だ。自分のコンテンツを仲間と共有し、なんらかの反応を得られれば、ますますショッピングが楽しくなる。つまり大事なことはスピードや価格だけではなく、好きなものを新たに見つけるチャンスがあるかどうかなのだ。

プラットフォームの提供者なら、まず出店者を信じるべきだ。世界には、創造性に富み、野心もある出店者たちがあふれている。この多彩な大集団を成功へ導くため、楽天はエンパワーメントを武器にビジネスを進めてきた。出店者の中にこそ、成功をつかみ取る力が潜んでいると信じている。

楽天市場はなぜ支持されたのか？

ディスカバリー・ショッピングという戦略には、勝算がないように感じる人もいるかもしれない。競合企業より効率の悪い戦略ではないのかと思われるのも無理はない。

しかし、ディスカバリー・ショッピングには二つの利点がある。一つは、人間が多様性を求める点だ。人間は、けっして一つの行動様式にこだわらない。ある人が、ある日あることをやりたがり、次の日は別のことをやりたがったとしても、それはごく自然なことだ。実際、多様性のない世界は退屈だ。だから、ディスカバリー・ショッピングは、新しいものを求める人間の欲望に強く訴えるのだ。

たとえば、僕はよく家の近くにある公園を散歩する。僕はその中で最短の近道をすでに知っている。急いでいるときはその道を通るのがいいだろう。しかし、毎日急いでいるわけではない。ときどきは、最短ルートから外れて公園を散策し、別の景色を眺めたい気持ちにもなる。もしかすると、最初のルートのほうがいいと思うかもしれない。しかし、それでも僕はルートを変えたことで、新しくて、すばらしい何かに出会うかもしれない。つまり、何かを発見する可能性を生み出すのは自分自身なのだ。

ショッピングについても同じことが言える。急いでいるときなら、僕は自動販売機型のオンライン・ショッピングで大いに満足するだろう。しかし、多くの場合、僕はオンラインショッピングを楽しみたいと思っている。もし公園に一つしか道がなく、ほかの場所を歩き回ることが許されないならきっと不満を感じるにちがいない。

二つ目は、人は他人とのコミュニケーションが好きだという点だ。僕の地元に魚を扱う店が2店舗あるという話を思い出してほしい。魚の品質が同程度だとしたら、どうしてスーパーマーケットではなく個人商店を選ぶ人がいるのだろうか？　その理由の一つは、人間同士のつきあいが持つ吸引力だろう。魚屋の店主のことが好きなら、人はその個人商店で購入しようと考える。たぶん彼はていねいに接客するだろうし、スーパーマーケットにはないような、個人対個人の気配りもしてくれるだろう。あるいはあなたは店主を隣人として知っているのかもしれない。これらはすべて強力な人間的要因だ。多くの人は店の棚やコンピューターのディスプレイから品物を買うよりも、人を介して買い物したいはずだ。オンラインショッピングだからといって、出店者と買い物客の関係を遮断する必要はないということだ。仮想環境でもこのような人間関係を作ることは可能だし、望まれていることなのだ。

実際、オンラインショッピングが盛んになるにつれて、人間同士の関係がおろそかになるのではないかとよく言われた。機械とクレジットカードが人間同士の関係に取って代わると危惧されたのだ。しかし、「楽天市場」が誕生し、固定化されかけていたルールを書き換えていった。本章の冒頭で述べたように、ルールを改めるのに早すぎることはないのだ。

楽しさは利益を生む

僕らが長年このビジネスをつづけてきてわかったのは、eコマースで人的要素にこだわってきたのは正しかったということだ。実際のところ、「楽天市場」の出店者に成功をもたらしたのはまさにこの人的要素だといっていい。成功した出店者はみな楽しさを前面に押し出してきた。彼らにとって楽しさという要素はビジネスの土台なのだ。

長野県でクラフト・ビールを製造・販売している「よなよなの里」は最古参の出店店舗の一つだ。彼らは、「楽天市場」が誕生した1997年に出店した。「よなよなの里」の運営会社である株式会社ヤッホーブルーイングが設立されたのは1996年。日本は地ビール・ブームの真っただ中にあり、ヤッホーブルーイングの看板商品「よなよなエール」は全国で急速かつ順調に売り上げを伸ばしていた。

しかし、ブームは長くつづかないものだ。2000年代半ばに入ると、日本の地ビール製造所の数は大幅に減少し、ヤッホーブルーイングの売り上げも落ち込んだ。

当時、営業部門の責任者だった現社長の井手直行氏は、出店したものの伸び悩んでいた「よなよなの里」をテコ入れすべく、店舗運営責任者となった。彼は、eコマースこそ楽しさを生み出すプラットフォームだと考え、オンライン上の「よなよなの里」ファンに対して熱心なサービスを展開しはじめたのだ。

井手氏はこう語る。

「僕が気づいたのは、eコマースはサービス業だということです。たしかに僕らはビールを造っています。しかし、僕らはお客様にビールとともに楽しさを提供しているのです」

「よなよなの里」のサイトには、ブログ、写真、セールなどファンとの交流のためのコンテンツがたくさん掲載されている。「販売店向けに働く社員よりサイトの運営に関わる人のほうが多い」という。

現在、全社の売り上げの30パーセントがオンラインによるものだ。さらにオンライン販売の効果で、実店舗販売の売り上げも伸びている。井手氏によれば、オンラインショップで「よなよなの里」のビールの存在を知った顧客たちが、近所のスーパーマーケットなどに「よなよなの里」のビールを扱ってほしいと頼んでくれるおかげだという。

「よなよなの里」が大きな成功を収めた背景に、井手氏自身による積極的な「顔出し」がある。たとえば、彼は楽天のイベントに頻繁にコスチュームを着て現れる。「楽天市場」の表彰セレモニーでは、黄金のよなよなロボットの格好をして聴衆の前に現れた。こうした楽しいイベントの様子を伝える写真は、社員たちとの飲み会の写真などとともにサイトに掲載されているのだ。

「『よなよなの里』ではみんな真剣にビールを造っています」と井手氏は言う。「でも、ビールをみんな楽しんで売っているんです！」

楽しさは柔軟だ

「安い」という言葉の意味は一つしかない。「低価格」だ。

「効率的」という言葉の意味も一つしかない。「速い」だ。

しかし、「楽しい」という言葉が持つ意味は人それぞれで違う。だからエンターテインメントや楽しみの提供方法にもいろいろある。

買い物客が楽しんでショッピングできる最高の方法とは何か？　楽天はその答えを出店者自身に見つけてほしいと考えている。いろいろな実験をして、店舗サイトを刺激的なものにしてもらいたいのだ。

楽天に出店している「夢展望」というアパレル・ショップから以前、オンラインビジネスの基礎を教えてほしいと依頼されたことがある。しかし、僕らが彼らにアドバイスしたのは、常連客がオンライン・ショップを楽しめるよう常にコンテンツの内容を進化させるということだけだった。

「夢展望」と楽天との関係は２０００年代初めにはじまった。「夢展望」の幹部にとってeコマースははじめての経験だった。そこで代表者の岡隆宏氏は、楽天が出店者向けに開いている講座「楽天大学」に通って技術的な知識や最高のｅコマースを実現するための心構えを身につけた。彼は、最速、最安値で商品やサービスを提供する商店が必ずしも成功するとは限らないことを学んだという。「私が学んだ中で最も重要なことは、他人とは違うことをやるということです」

「夢展望」は時間もお金もしっかりかけてウェブサイトをビジュアル化した。毎日違うファッション撮影会の写真や動画を掲載したのだ。新技術が普及しはじめると自分たちも貪欲にそれを取り入れた。たとえば、当初は主に買い物客のデスクトップ・コンピューターから発注されていたが、10年後には、大半が携帯電話から発注されてくるようになった。買い物客が使うメディアが新しいものに変わっても、「夢展望」は必ずそれに対応した。

ｅコマース業者の強みであるスピードを、「夢展望」も重視している。日本では、若者のファッションの流行がめまぐるしく変化する。その流行についていくのは至難の業《わざ》だ。現在ではわずか３ヵ月で新しいアイテムをデザインし、製造できる仕組みが確立されている。「夢展望」は毎月３００種類の新アイテムを導入しているが、本社に撮影スタジオの設備を持ち、買い物客の反応に合わせ、商品写真の撮り直しができる態勢を整えている。流行に遅れたり、陳腐になったりすることは許されないのだ。

しかし、岡氏はスピードアップを心がけながらも、買い物客の、新しく、スタイリッシュなファッションアイテムを見つけたいという本当の欲求を忘れていない。楽天ではしばしば彼の会社を成功事例として取り上げ、他の出店者にその成功の秘訣をくり返し熱心に説明する。彼の店は紛れもなく自動販売機ではない。アパレル商品の提供者であると同時に、エンターテインメントの提供者でもあるのだ。

信頼の力

結局、エンターテインメントの提供をビジネスの主軸に据えるeコマースが順調に機能している最大の理由は、信頼関係だ。オンラインショップで常連客を増やすための最優先事項は、買い物客との信頼関係の構築なのだ。eコマース企業は、誕生してからそれほど長くない歴史の中で、買い物客に注目してもらうことよりも信頼関係を作り上げることのほうがもっと困難であることを学んできた。買い物客から信頼を得るには、細やかな心配りが必要だ。技術の進歩に伴って、さまざまなプラットフォームが登場してきたが、どのプラットフォームを使うにしても、それまでに築き上げた関係を維持できなければならない。この場合、すでに確立しているプラットフォームか、それとも発展途上のものであるかは関係ない。

有力なeコマース企業は、信頼が絶え間ないコミュニケーションの上に築かれることをよく知っている。一時的なコミュニケーションでは信頼を築けないのだ。買い物客と関係を築くやり方は、インターネット時代以前の実店舗で行われていたやり方と同じだ。店に足を踏み入れた客を店員が全力で喜ばせる。挨拶をして要望を聞き、将来、再び店にきてもらう努力をする。

オンラインでも、それぞれの客に、「一見さん」としてではなく、常連としての関係を築いていこうとする姿勢を見せなければならない。これが楽天の哲学だ。僕らはこの哲学に従って店舗サイトを運営できるように出店者をサポートしたり、いろいろな情報を提供したりしている。出店者がブログや写真や動画を使って客に何かを伝えるとき、彼らは単に宣伝しているだけではない。客との間に、長くつづく、有意義な信頼関係を築こうとしているのだ。eコマースだからといって、かつて実店舗と客が築き上げていたような信頼関係を失っていいわけではない。ネットの世界では、ネットの世界の方法で客に楽しみと人間的要素を提供する必要があるのだ。

自動販売機のようなやり方では客との間に関係を作ることはできない。人間同士、つながることもできない。実際、自動販売機型の企業は、出店者と客が関係を持てないようにプラットフォームが設計されている。出店者と客は、自動販売機を介してしか接触できない。当然、そこには人間関係はない。信頼関係が築かれる可能性は、意図的に排除されているのだ。

とはいえ客はかならずしも自動販売機型プラットフォームを嫌がるわけではない。実際、「便利である」「急いでいる」あるいは「そのサイトしか知らない」などなんらかの理由によって自動販売機型プラットフォームを利用するだろう。しかし利便性のみにもとづく関係はもろい。客は条件次第であっさり別の店舗サイトに移ってしまう。別の店舗サイトが現れ、もっと楽しいオンラインショッピングの選択肢を提供したら、客は自動販売機にこだわらないだろう。これまでずっとそうだったように、人間は人間から商品を購入することを好むのだ。

だからこそ、市場はいつの時代も活気にあふれ、魅力に満ちていたのだ。市場は必需品を手に入れるだけの場所ではない。人が集まって交流し、ビジネスを行い、信頼関係を築く場所なのだ。僕らがeコマースに意欲を燃やすのは、人間本来の欲求がeコマースでも満たされなければならないからだ。人間は、たとえディスプレイに向かっているときでも、人間性を求めているのだ。

ディスカバリー・ショッピングの未来

現在、eコマース業界では激しい競争がくり広げられているが、僕らはいつも将来に目を向けておかなければならない。

僕は、「発見に満ちた買い物」、すなわちディスカバリー・ショッピングというモデルがもっとも確実なeコマースの未来像になると考えている。効率性と価格だけで戦えば、いずれは消耗戦になってしまう。それ以上値段を下げられず、それ以上効率化できない状態がいつかやってくるのだ。つまり、すべてやりつくしてしまう。その状態に達したら、客は一時的には喜ぶだろう。しかし、いずれは満足しなくなる。彼らはもっと安く、もっと効率のいい状態を求めるだろう。人間が永久に満足したままの状態でいられないのは自然の摂理だ。

ディスカバリー・ショッピングが将来有望なモデルなのは、このような人間の心理的メカニズムにしっかり結びついているからだ。消費者は商品の値段に下限があることを知っているし、商品を物理的に輸送するのに時間的な制限があることもわかっている。しかし、僕らのディスカバリー・ショッピングのモデルには、制限がない。このモデルでは、いつも何か新しいものが登場することが保証されているからだ。技術が進化して、スマートフォンやソーシャルメディアのような新たなツールやプラットフォームが誕生しても、それを取り入れて活用することができる。たえず変化しながら新たな要素を加えていけるのだ。それによって僕らのブランド・イメージや使命を変えることなく、ビジネスを展開できる。

ビジネスの歴史は常に発見の連続だった。だからこそ探検家たちは新たな市場、新たな商品を求めて航海に出かけた。それに伴って商品やサービスを消費者に届ける方法も変化しつづけてきた。消費者がいつも変化を求める以上、流通の世界ではたえず変化が起こりつづけるのだ。

楽天のグローバル展開が加速するにつれて、僕らはeコマースのグローバル市場での競争に勝ち抜くビジョンを早急に打ち立てる必要がある。企業も消費者も、どの方向に進むべきか決断しなければならない。これからいろいろな企業がさまざまなプラットフォームとビジョンを携えて登場するはずだ。しかし、最終的に、僕らは人間の心理に調和したビジョンが勝ち残ると信じている。革新につながる新たなビジネス手法や技術が出現すれば、僕らはそれを取り入れる。消費者がウェブ上を旅して、国境を越えて商品やサービスを手に入れることを求めている以上、この探検を手助けし、拡大させていく者が消費者とともに生き残っていくだろう。

そこまでくれば、もはや誰も自動販売機にしがみつくことはないだろう。僕らにはまだまだやるべきことが山ほどあるのだ。

楽天流・実践のヒント 7

・単なる技術的なものとしてではなく、人間味のある新しい表現の場としてｅコマースの未来を思考する。新たな技術は常に生み出されているが、それらの技術的な価値だけを見るのではなく、人間のショッピング経験を豊かにする可能性を秘めたものとしてとらえる。
・「ネットショッピング」と「検索」を混同しない。
・魚屋の話を思いだそう。消費者を引き寄せるのは価格だけではない。
・人間は常に「発見」を欲している。この自然な欲求を叶えるビジネスを生み出そう。

第8章 スピード!! スピード!! スピード!!——オペレーションのルールを書き換える

ビジネス界のリーダーたちが集まると、それぞれビジネスにおけるスピードの役割について持論を語り出す。その話しぶりからみなスピードを重要だと考えていることはわかる。しかし、彼らの実際の行動をよく観察してみると、口で言うほどスピードを上げることができていない。失敗して目立ちたくないために、ためらいがちになっているのではないだろうか。しかし、重要だと頭でわかっていてもいざ実行するとなるとためらってしまうのは、人間の心理として理解できる。そこで僕は、スピードに関して独自のアプローチをしなければならないことに気がついた。僕の考えを強調するために3回くり返す。

スピード‼　スピード‼　スピード‼

スピードは成功をつかみ取る秘密兵器だ。偉業を達成した人物や企業を見れば、スピードが大きな役割を果たしたことがわかる。僕もこれまで何度もスピードの力を思い知らされた。

会社を立ち上げた当初、頼んでもいないのに行く先々で次のようなアドバイスを受けた。

「eコマースには手を出さないほうがいい。そもそもビジネスモデルとして欠陥のある業界だから。見てみろよ。市場で次々とオンライン商店が失敗しているだろう？　eコマースは成功しないんだ」

実際、eコマースが当時低調だったのは、ビジネスモデルとして欠陥があったからではなく、オンラインでの販売システムの進化が遅すぎたからだ。ウェブサイトの更新頻度は、まるでカタツムリの歩みのようだった。多くの人は、ウェブサイトを更新するには、プロのウェブデザイナーを雇う時間と金が必要だと考えていた。そのため、店舗サイトはめったに更新されなかった。正月がとうにすぎてもクリスマス商品の宣伝をしているウェブサイトもざらだった。

もしこれが実店舗のショーウィンドウだったらどうだろうか。1月に店の前を通りかかって、ウィンドウにまだクリスマス商品が並んでいたとしたら？「この店は流行の最先端を走っている！　なにか新しくておもしろい掘り出し物があるかもしれないから店に入ってみよう」と考える人はまずいない。ほとんどの人はこう考えるだろう。「クリスマスから今まで何をしていたんだろう？」

オンラインの客も同じ反応を示した。消費者の目にオンラインの店舗は流行遅れに映ったのだ。

僕がeコマースの世界に足を踏み入れたとき、この業界全体の足を引っ張っていた「遅さ」の問題に対して真っ先に改善に取りかかった。まずウェブサイトのアップデートには高い代金を払ってウェブデザイナーを雇わなくてはならないという思い込みを「楽天市場」への出店者から取り払った。彼らが使えるツールを提供し、自分たちでサイトを更新できるようにしたのだ。そのツールを使いこなすための研修も実施した。実店舗のウィンドウと同じように、オンライン店舗の見栄えにも責任を持つこと、またクリエイティブであることの重要性を知ってほしかったのだ。「楽天市場」の出店者がオンラインで成功を収めたのは、彼らが新しいビジネスモデルに順応したからというより他者に先駆けて行動したからだ。勝敗を決めたのはスピードだった。

創業初期にスピードの力を実感できたおかげで、スピードが楽天の重要な柱となっていった。そこで僕は「成功の5つのコンセプト」にスピードを書き加えた。この章ではスピードの考え方を詳しく説明しよう。スピードの本当の意味や、個人、会社、そしてより大きな社会という単位で物事をスピードアップさせる方法をお伝えしよう。この世界で欠陥と見なされていることの多くは、実際はスピードを上げることによって解決できるのだ。

スピードとは?

スピードという言葉を使うとき、僕がそこに込めている意味を説明しよう。僕は、成功には2種類のスピードが欠かせないと考えている。それは「速度」と「俊敏さ」だ。

速度は、何かを起こす比率だ。どんなプロセスであっても、常に高い比率で展開されなければならない。仕事の現場では、効率を改善することによって速度を上げることができる。たとえば、会議時間を短くしたり、印刷する書類の枚数を減らしたり、プロジェクトに関わる人員の数を減らしたりすれば速度は上がる。元の過程をスリム化し、軽量化し、そしてスピードアップするのだ。あなたが両腕いっぱいに荷物を抱えて街を歩いているとしよう。そのときもし荷物を手放せば、あなたはもっと速く移動できる。アスリートたちはみな、最高のスピードを引き出すには、手に入る中で最軽量のスポーツ用具を選ばなければならないことを知っている。

これが仕事の場合、単に荷物を放り出したり、軽い用具を選んだりといった単純な話では済まない。余分なおもりを捨て去るには、仕事の時間から無駄な時間を削らなければならない。その方法についてはこの章の後半でお話ししよう。

もう一つのスピードとは、俊敏さだ。これは何か決断を下した後の行動の素早さを意味する。あなたが俊敏なら、物理的であれ精神的であれ、方向転換を強いられたときに優位に行動できる。サッカー選手が走っている途中で方向転換するとき、俊敏であれば、スムーズに進行方向を変えられる。ビジネスでも同じだ。進路変更の決断は、俊敏に下されなければならない。目的に沿った素早い動きが要求されるのだ。

しかしビジネスの世界では俊敏さが軽視されがちだ。方向転換をするときには不安が先に立ち、俊敏に方向転換できないことがよくある。もしサッカーの試合でもたついていれば敵にボールを奪われ、ピンチを招いてしまうだろう。仕事の世界でも、俊敏さがなければ同じようなリスクが生まれるのだ。

僕は日々、速度と俊敏さ両方のスピードを上げるように努めている。そして楽天の社員たちにも、無駄な時間を削って仕事しようと呼びかけている。実際、速度の向上は楽天の日課の一つなのだ。

僕はいつも自分にこう問いかけている。この作業で省くべき無駄はないだろうか、もっと早く処理できるようにこの作業を改善できないだろうか？ 速度はいつでも優先課題なのだ。

同じように、俊敏さもいつも意識している。いったん何かをはじめると、そこにまっすぐ飛び込む。一度下した決断についてくよくよ思い悩んでも仕方がない。決断を下した以上、求められるのは行動だけだ。僕はゴールに向かってまっしぐらに走る。おそらく、僕のチームのメンバーは僕に追いつくために各人のトップスピードで働いているはずだ。これが僕のチームをトップスピードに駆り立てる方法でもある。

スピードを上げることにこだわるのは、ハーバード・ビジネス・スクールに留学したからかもしれない。ハーバードにスピード自体を主題とする講義があったわけではない。しかし、マーケティング、販売、科学技術、サービスなどのいくつかの講義でスピードの重要性が語られた。カリキュラムが進むうちに、僕はスピードがさまざまな分野に共通する重要な要素であることに気がついた。

偉大な企業はみな、何を実行するにもスピードを重視してきた。自動車の組み立て、コンピューター・ゲームの開発、オンライン販売など、どの分野でもスピードが決定的な要素になる。市場でリーダーになれるかどうかはスピードによって決まる。リーダーになれなかった企業は必死でそのスピードについていくしかないのだ。

個人でスピードを上げる方法

スピードはどうすれば上げられるだろうか。一人だけでしている仕事にスピードアップが必要だったら方法は誰でも簡単に思いつくだろう。しかし、巨大企業で働いている人の多くは、個人では仕事のスピードをコントロールできないと考えがちだ。自分の仕事のスピードは、ほかの社員の仕事の処理スピードに依存すると思い込んでいるからだ。

しかし、それは誤解だ。この誤解で多くの企業や個人が損をしている。もし自分で自分の仕事のスピードをコントロールできないと考えてしまったら、そこから先に進めない。あなたの組織の誰もが、自分ではスピードはコントロールできないと考えてしまったらどうなるだろうか? 大きな組織は、仕事の最も遅い人に合わせて右往左往するしかなくなってしまう。そして、速度も俊敏さも失われ、あなた自身も足を引っ張られることになる。遅いということは、あなたにとっても会社にとっても、あらゆる面でマイナスなのだ。しかし、そんな状況にじっと耐える必要はない。

組織の中の個人でも、スピードを上げることは可能だ。

目標を定める

目的地を定めずに旅に出れば、うろうろと迷いながら進むことになる。一方、目的地を定めておけば、目的地に向かって一直線に進むことができる。当然、そのほうが早く目的地に着く。ビジネスでも同じだ。目標がぼんやりしていれば、あなたは長期的なプランを立てられず、ただ毎日だらだらと仕事をするだけになる。つまり、仕事はなかなか進まない。しかし、目標を定めておけば、スピードは速くなる。

目標は、上司から与えられるものではない。自分自身が選んで決めなければならない。一生をかけてようやく達成できるような高い目標であればベストだ。高い目標は大きな刺激になり、最高の力で、最も速いスピードで仕事を進められる。もしあなたが登山家で、比較的低くて安全な山に登ろうと決めた場合、おそらくいつもと変わらない目的意識で登ることになるだろう。次は、標高4500mほどあるマッターホルンの麓に立っているところを想像してみよう。迫りくる山の頂が、眼前に巨大なスケールでそびえたっている。まさに大胆な目標だ。この目標を達成しようと考えただけで不安と興奮がないまぜになり、体中にアドレナリンがわき上がる。巨大な目標を選んだおかげで、とてつもないスリルが生み出されるのだ。体中にアドレナリンが満ちた状態なのに、はたして普通のハイキングのようにのんびり歩きだすだろうか？　目標のことを考えただけで興奮して体が熱くなり、自然と歩みは速くなるはずだ。

２００１年の春、僕は、楽天におけるグループ年間流通総額を１兆円にするという目標を設定した。この目標を宣言したとき、みんなから僕は変人だと思われた。当時の楽天グループの流通総額は５２０億円程度だった。１兆円というのはまったくもって巨大な、エベレストの山のような目標だったのだ。

僕は巨大な目標を定めたことで大きなスリルを味わっていた。この挑戦にすべてをかけた。そして社員一丸となってついにこの目標を達成した。ただ達成しただけではなく、僕が密かに予想していたよりも早く達成できたのだ。この目標を定めたとき、楽天が１兆円の流通総額を達成したら僕は引退すると宣言していた。巨大な目標が想像以上にビジネス拡大をスピードアップさせたおかげで、楽天グループの流通総額は２００７年についに１兆円に達した。ビジネス界から身を引くには、僕はまだ若すぎた。そこで引退の約束だけは反故《ほご》にしなければならなかった。しかし、この経験は僕にすばらしい教訓を与えてくれた。目標が大きければ大きいほど、ますますスピードアップできるという教訓だ。

考えてから行動するのでは遅すぎる

ビジネス界にはいまだ考えてから行動するという残念な習慣が残っている。多くの人は、まず全エネルギーを考える作業につぎ込み、準備が整ってから行動する。しかし、それでは遅すぎる。ただ考えているだけでは、すべてが遅れていく。次にどうすべきかじっくり考えるだけで、結局、最後まで一歩を踏み出さない人は多い。

仕事を確実にスピードアップさせるには、まず考えて次に行動するという習慣を捨て去らなければならない。人は考えながら行動できること、そしてその経過の中での結果を受けて、さらに考えながら行動できるのだ。この同時進行のプロセスを心がければ問題は解決する。

同時進行によって、なぜ速くなるのか? それは行動によって思考が改善されるからだ。行動なしに考えるだけだと、そもそも高いレベルで思考できない。緊急性がなく、脳を限界のレベルに押し上げる必要に迫られないからだ。一方、すでに行動を起こしている場合、「効率的に考えなければならない」という強い衝動が生まれる。すでに行動を起こしている以上、歩きながら考える必然性があるのだ。行動しながら考えるのはかなり高いレベルの知的作業だ。行動が、思考に刺激を与えるのだ。

スポーツの練習にたとえてみよう。テニスの腕を磨きたいとき、たくさんのテニスの技術書を読むのもいいだろう。自分の技術と実力をどのようにして向上させることができるか、頭の中で十分にシミュレーションするのもいいかもしれない。しかし、こんなことなら、テニスコートの外で座ったままでもできる。さあ、立ち上がって、ラケットを手に取り、実際に練習してみよう。あなたはどれくらい速く動けるようになっているだろうか？　現実の世界でラケットを振ってみれば、それまでイメージしていたような動きを実践するのがどういうことか、新たな視点が得られるはずだ。行動は、改善をスピードアップさせるのだ。

僕は考えるという行為を否定しているのではない。思考は必要不可欠なプロセスだ。言うまでもなく、深く思考した者は競争相手より有利な立場に立てる。しかし行動を止めてまでして考えるのは避けよう。行動があなたの思考を止めることはない。むしろ思考を加速させ、改善させる効果があることを知ってほしい。

行動し、変化する状況の中で考えつづけることを実践するのはかなり勇気が要るだろう。予期しないことが起こるかもしれない。リスクもある。しかし、そうすることで最速の思考が生み出されるのだ。

他者の視点を持とう

自分の視点だけではなく、周囲の人たちの視点に立って自分の仕事内容や会社のゴールを理解することができれば、仕事のスピードアップにつながる。周りを気にすると仕事に集中できずに無駄な時間が長くなるのではないかと思われるかもしれないが、そんなことはない。仕事を狭い視野でしかとらえず、自分の業務と役割の範囲しか見ていない人は、仕事を改善し、より速く処理する方法を見過ごしてしまうことになる。

僕がここで言いたいのは、高台の上から全体を見下ろす、いわゆる鳥瞰的な視点のことではない。むしろビジネスに必要なのは、地上から全体をくまなくクリアに見渡せるようなパノラマ的な視点だ。

例を挙げよう。僕が興銀の新入行員だったころ、海外送金を主に扱う部署にいた。そのため、前に述べたように、たくさんの書類仕事をこなさなければならなかった。銀行のように巨大組織の中で、いち新入行員が仕事のスピードアップを図ることなんてとうてい無理だと思われるかもしれない。実際、興銀はたくさんのルールを持つ多層構造の巨大組織だった。誰でも新しい提案ができて、すぐにそれを実行に移せるような若い会社ではなかったのだ。

それでも僕は、なんとか自分の仕事をスピードアップする方法を見つけた。周囲をじっくり観察して発見できた方法だ。僕個人に割り当てられた仕事も、よく見てみると、まったく独立して成り立つ仕事ではなかった。周囲に僕の仕事とつながっている人たちがいたのだ。そこで、僕は彼らがどんな仕事をしているのかノートに書き出してみた。オフィスにはたくさんの一般職の行員がいた。彼らは、たとえば人事の業務に携わっていた。観察するうちに、僕の視点だけではなく、彼らの視点を通して銀行業務の一部が理解できるようになってきた。すると自分の部署の全体像を見通せるようになり、自分の書類仕事も速くかたづくようになった。さらに、彼らの人事の業務を簡単にするアイデアも思いついた。そのアイデアに彼らは喜び、部署全体にポジティブな雰囲気が生まれた。僕は、自分の仕事を効率よく進めただけでなく、周囲の人たちのニーズを理解し、彼らも仕事を手際よくこなせる方法を見つけ出したのだ。そのおかげで自分の部署全体の仕事をスピードアップさせることに成功した。

ビジネスで成功するには、パノラマ的な視点を持つことが欠かせない。自分の仕事を、全体を構成する一部としてとらえると、総合的に考える力が身につく。そうするとささいな問題で悩まされることが減り、その代わりにどのビジネス分野でも役に立つ、より大きなテーマやテーマ間の関係性について考えられるようになる。自分の会社を総合的に見ることができるようになれば、精度の高い決断力が身につき、リーダーシップにも自信が持てるようになるだろう。

仕事に恋をしよう

いったい仕事のどの部分が恋愛にかかわるのだろうか？　答えは「すべて」だ。恋心は仕事をスピードアップさせる原動力なのだ。

こんなふうに考えてみよう。ある電車にあなたが心から愛する人が乗っているとしよう。おそらくあなたはどんなに高い障壁があっても飛び越え、全速力で走ってゆくだろう。電車に飛び乗り、恋人といっしょに夕日に向かって歩いていくために、全力を尽くすはずだ。

同じような愛情を仕事に対して抱けばどうなるだろう? 仕事に恋をしていれば、当然普通の感情で接するよりもずっと速く仕事を進められるはずだ。恋は人を強くするのだ。

もちろんこれは口で言うほど簡単ではない。「仕事に恋するなんて不可能だ」と考える人がほとんどだろう。本当は別の会社で働きたかった、もっと高い地位がほしかった、もっと高給がほしかったなど、いろいろな不満もあるだろう。それはそれで構わないが、どんな人生であっても上を見ればきりがない。だが、前に述べたように、目標が人を奮い立たせる。

たとえ将来、高い地位につき、好待遇で働くことを望んでいても、現在の仕事に恋することができないわけではない。仕事に恋するように自分を仕向ければよいのだ。自分の仕事に、情熱が感じられる部分を見つけよう。日常業務や書類仕事をたくさんこなさなければならない仕事でも、それをゲームととらえてみたらどうだろうか。自分の仕事でミスを犯さずにどれほど速く処理できるか挑戦してみるのだ。あなたは自分で自分の仕事に挑戦すべき部分や楽しめる部分を見つけられるはずだ。

自分自身で目標を定め、それに挑んでみる。そうすれば革新的な解決策が浮かんでくる。

それでうまくいけばすばらしいいし、たとえうまくいかなくても、再検討すればいいだけの話だ。心を開くには、目の前の仕事をつまらないと思うのではなく、発明家的な視線で見ればいい。自分の仕事に恋すれば、まるで恋人が乗っている電車を目がけて走るように毎日ドキドキを味わうことができる。自分ではどれほど速く進んでいるかわからないかもしれない。しかし、仕事に対して恋心を持っていれば、スピードはおのずと上がるのだ。

会社をスピードアップさせる

ここまで、自分自身の仕事をスピードアップさせ、加えて周囲の人たちをスピードアップさせる方法について説明してきた。次の問題は、このスピードアップを、個人対個人だけでなく、会社全体にスケールを広げて応用できるかどうかだ。僕がＣＥＯを務めてきた経験で言えば、答えは「イエス」。個人の生活や仕事でスピードアップを図るだけではなく、組織全体のスピードが上がるように指揮することも可能なのだ。

無駄を省く

僕はいつも業務から無駄を省くことができないか考えている。全社的な取り組みとしてよく知られているのは、楽天の会議システムだろう。会社が成長するうちに、会議に莫大な時間が食いつぶされるようになった。提案者が将来計画を説明し、ほかの会議参加者にいろいろな報告をする作業に多くの時間が費やされていたのだ。あるときなど、会議のじつに9割が報告作業に費やされ、重要なテーマに関する議論にわずかな時間しか残されていなかった。これではまるでスピード感がない。

この問題が気がかりだったのは、僕個人にとってだけでなく、会社全体の生産性に大きな足かせとなるからだ。僕は頭の中で単純な計算をしてみた。日本に2000万人の労働人口があるとして、各人が1日に1時間を会議に費やしていると仮定すると（これは控えめな見積もりだが）、2000万時間×（5日／週）×（52週）でなんと52億時間にものぼる。もしこれを半分に節約できれば、26億時間が手に入るわけだ。ここに手を付けないのはあまりにもったいない。

僕は実験をはじめた。会議資料は前日の午後5時までに参加者全員に電子データで配布すべしというルールを設けたのだ。その結果、資料が前日に全員の手に届けられ、これまで説明やプレゼンテーションに費やしていた時間をまるごと節約できた。会議では、資料に示されたテーマのうち追加の説明を必要とする一つか二つのテーマに絞って扱えるようになった。そのテーマについて決定を下すだけで先に進むことができるのだ。会議時間は劇的に縮まった。以前は1時間かかっていたのが10分で終わるようになった。全員が会議資料の前日作成と配布に慣れてくると、場合によってはそもそも開催の必要がない会議も出てきたほどだ。

このルールでかならずしもすべての会議がうまくいくわけではない。だが、それでも多くを簡素化できるはずだ。日常でくり返される会議をスピードアップできたとき、どれほど仕事全体が効率化されるか、あなたは驚くだろう。長く悩まされてきたにもかかわらず、誰も改善しようとしなかっただけなのだ。

誰かがあるプロジェクトのスケジュールについて説明すると、僕はそのプロセスを見て、時間を節約できる部分を探し出して指摘する。

「そのプロセスは省略できないか？　このプロセスとそのプロセスは組み合わせて同時にできないのか？」

無駄な作業を削れば、スピードは向上するのだ。

締め切りを設ける

締め切りを設定して、社員から最高のスピードを引き出すというやり方もある。僕は締め切りを設定するとき、生産性が最大になる期日、かつ、短期間すぎて社員が心配のあまり仕事に手が付かなくならない、絶妙のタイミングを設定するようにしている。

「来週までにこの新商品の販売を開始する！」などとあまりに余裕のない締め切りを設定すると、そもそも締め切りを気にかけない社員が出てくる。そんなに間近な締め切りだと、取り組んでも無駄に終わるとあきらめてしまうからだ。

しかし、「10年以内にこの新商品の販売を開始する！」などとあまり遠い未来に締め切りを設定すると今度は彼らを急き立てることができない。

ほとんどの社員は、「10年後なんてここで働いているかどうかもわからない」と考えるだろう。

したがって締め切りを設けるときは、みんなある程度の不安を感じても、けっして無理ではない程度の日程を設定するといい。危機感がなければぎりぎりの能力は引き出されないからだ。

完璧を求めず、行動して改善する

会社レベルでスピードアップを目指すうえで、最大の障害となるものがある。それは完璧さの追求だ。どんな仕事でも最高の仕上がりを求めて努力するのは重要だが、時として完璧さを求めるあまり計画が頓挫して、会社や消費者が迷惑をこうむることもある。スピードを求めるなら、組織のリーダーは完璧さの追求をやめるべきだ。そして適宜、改善してゆく方法を受け入れなければならない。たとえば、商品やサービスを発売する際、現時点でかなり完璧に近い状態にあるとする。このときもし完璧になるまで待っていれば、商品やサービスはいつまでたっても発売できないだろう。こんなふうに行き詰まって、いったい誰が喜ぶだろうか？

すでに述べたように、発売と改善の方法を最も効果的に取り入れて成功したのはマイクロソフトだ。彼らが商品に付ける名前の付け方を見ればよくわかる。商品は改善されるたびに「7」とか「8」といった数字を加えられ、新バージョンの商品としてユーザーのもとに届けられるのだ。このやり方を批判する人もいる。こういう人たちは、同社が常にバグと戦い、すでに市場に投じた商品に改善を加えていることを笑いものにする。しかし、このやり方こそ、マイクロソフトがあれほどまでに成功した要因なのだ。すべてにおいて細部にこだわって、消費者を待たせたり、アップグレード版の登場を待たせたりといったことはいっさいしない。その代わり力強く、そして迅速に行動するのだ。彼らはいったん商品を世に送り出した後もその商品を改善しつづける。購入した商品の無料の新バージョンが次々投入されたからといって、誰か文句を言う人はいるだろうか？　同じ商品にいくつものバージョンが存在することは、同社が改善を重視し、その姿勢によってハイスピードを達成している象徴なのだ。

あなたがリーダーなら開発進行中の商品やサービスを販売後、必要に応じて改善していくという考えを受け入れるべきだ。社員の中には、完璧でない商品を販売すればなんらかの処分が科されるかもしれないと怯えて尻込みする者もいるかもしれない。しかしスピードを重んじるなら、自分の社員に明確にこう伝えよう。自分が求めているのはスピードであること、もし欠陥が判明してもその時点で即座に対応すればいいということを。

ボトルネックを探す

僕はいつも無駄探しをしているが、それと同じくらいボトルネック探しもしている。ボトルネックとは、かつては有用だったかもしれないが、今ではよけいな時間を使うプロセスになってしまっていることだ。有用どころか、会社のスムーズな活動を妨げ、実質的に障害となっていることもある。

特に記憶に残っているボトルネックの事例は、楽天本社を六本木から品川シーサイドに移した直後のエピソードだ。週末の引っ越しはすべてスムーズに運んだように思われた。ただしそれは週が明けた月曜日までだった。僕らは当時、毎週月曜日の朝に全社員参加の「朝会」を開いていた（現在は火曜日に開催）。社員が全員朝会に参加するため、月曜日の朝は、数千人の社員がロビーのエレベーターに詰めかけ、なんとか朝会の開始に間に合おうと必死になる。しかし、エレベーターが上に行くにも下に行くにも各階に停まっていると、少しずつ時間が失われていく。各駅停車の電車に乗っているようなものだ。いらだった社員は、肘でほかの者を押しのけながらエレベーターに乗り込み、また降りていく。その日、本社で朝会に出席していたすべての社員が会場に着席するまでなんと30分を要した。

この事態を目の当たりにして僕は愕然とした。社員1人が30分間の時間を浪費すれば、会社全体としてその日、１５００時間の労働時間を失うことは簡単な計算でわかる。スピード重視を目標に掲げている僕らが、朝30分もエレベーター待ちに費やしている事実を見過ごしていいわけがない。

そこで、僕は決断を下した。23階建てのビルのうち、エレベーターは1、2、3、5、7、10、13、14、17、21階（当時）だけに停まるようにすることにしたのだ。残りの階には階段を使えば簡単に行き来できる。僕らはエレベーターに特定の階のボタンだけが付いた新しいパネルを取り付けた。基本ルールとして、社員がエレベーターに乗るときはパネルに示された階だけで乗降可能で、それ以外の階に行くときには階段を使うことに決めた（ただし障がい者用には例外ルールを設けた）。

その結果、楽天本社ビルでの朝会時のエレベーターの待ち時間は5分に縮まった。社員の生産性を上げることに成功したのだ。社員のストレスも減った。彼らはもう朝会に参加するために肘で押しのけあう必要はない。ボトルネックをがまんして受け入れるのではなく工夫して解決したのだ。

スピードを測る

多くの企業はミスを心配するあまり、ハイスピードを恐れている。スピードが速くなると、企業活動をコントロールできなくなり、ミスが生じやすくなることを心配しているのかもしれない。ハイスピードのために動きが乱れ、チャンスを逃す危険性が増すことも彼らの心配の種だ。

こんな心配を抱くのも無理はない。スピードが上がれば、重要な出来事をきちんと漏れなく把握することが難しくなる。しかし、だからといってスピードを下げても、問題の解決にはつながらない。僕らはスピードに伴う問題に対処するため、次のような戦略を考えた。スピードを数値として計測する環境を整えるという戦略だ。

計測するのはスピードを速くするためではなく、ゆとりをもって仕事をきっちりと仕上げるためと考えられがちだ。しかし楽天がすべてを計測しているのは、スピードを遅くしたり系統的に調べたりするためではなく、むしろハイスピードを維持するためなのだ。

ハイスピードで動いているとき、自分たちのビジネスの実態をいつでも具体的に把握するために計測は欠かせない。計測結果があれば、速く動いていてもコントロールが乱れることはない。このため僕らにとって計測とスピードは車の両輪なのだ。

それでは、スピードと正確さのどちらも損なわずに計測するにはどうすればいいだろうか？

いつも計測する

僕らは毎日のささいな活動も欠かさずに計測してきた。現在の楽天の急成長は計測の結果だと僕は考えている。僕らの会社の成長を支えたのは、小さな改善のくり返しだ。僕らは小さな改善を毎日コツコツと積み上げた。どうしてそんなことがわかるのかといえば、僕らはいつもすべてを計測してきたからだ。

毎日まじめに働くだけでは、成功をつかみ取るには十分ではない。今日は昨日より少し効率的に、そして明日は今日より少し効率的に仕事をこなしていく。登山家がどんなに高い山の頂上を目指そうとも、足を交互に前に出すしかない。ビジネスも同じだ。たとえ0・1パーセントの改善でもいい、毎日0・1パーセントずつ改善しつづければ、1年後、あなたは44パーセントも成長できる。部分的であっても改善しつづければ、いつかは大きな改善を達成するのだ。そして改善のプロセスにおいて欠かせないのが計測だ。

リスクの計測

好調ぶりを計測するだけでは十分ではない。適切な判断を下す前提として、リスクを計測できなくてはならない。「リスク」と聞くと、多くの人の頭には瞬時に「避ける」という言葉が思い浮かぶだろう。しかし、あらゆるリスクを避けるなんてことはやめたほうがいい。実はリスクに正面から取り組む人や会社こそが成功を収める。一流の会社のたどった道を見れば、彼らがリスクに挑んできたことがわかるはずだ。

大事なのは、直面するリスクの種類と大きさを正確に把握することだ。計測のトレーニングと考えればいいだろう。つまり、直面するリスクに関する数字を集めて、リスクを数値化してしまうのだ。

楽天を創業してまもなくのころ、僕らも大きなリスクに遭遇した。インターネット・ショッピングモールというアイデア自体はすでに世間にも理解されていたが、日本やほかの先進国で、このビジネスを展開していたところが相次いで失敗していた。それは僕らにとって明確なリスクだった。それでは僕らはこのリスクにどう対処したか？

最高のプランを練るため、僕はまずリスクのサイズと範囲を正確に把握しようとした。当時直面していた最大のリスクは、僕の予測よりインターネットの普及が遅れる可能性だった。１９９７年当時のインターネットの普及速度は、僕らのマーケットに十分な数の消費者を呼び込むには遅すぎた。当初のビジネスモデルは、インターネットが世界中に急速に普及するという予測に基づいていたのだ。したがってインターネットが普及しない限り、楽天には破産の可能性が常に付きまとっていた。

このリスクに対処するため、僕らは「楽天市場」に小売業者が店舗サイトを開くための出店料を月額５万円に設定するとともに、半年分の出店料の前払いをお願いしたわけだが、もしインターネットが予想どおりに普及しなくても、こうして最低限のキャッシュフローは確保できるわけだ。同時に、設備投資を控え、社員数も少なめに抑えた。会社の規模を小さめにしておくことで、インターネットが広く普及するまで長い時間がかかったとしても、持ちこたえられる態勢を整えたのだ。僕らの対処法は、大胆で勇敢というよりは、緻密で繊細だった。僕らは直面するリスクのサイズと種類を完全に把握するように努力し、最悪のシナリオであっても対処できるようなプランを作った。リスクを計測し、それに適した対処法を考案したのだ。

計測から未来予測へ

計測結果が手元にあっても、将来を正確に予測できるとは限らない。しかし、計測結果があれば将来の筋書きをいくつか予測できるだろう。そのためには高い予測能力とデータ収集能力の両方を身につける必要がある。現時点で自分がどれだけ前進できたのかを計測すれば、将来遭遇する可能性のある事態の予測に必要なデータを得られる。

ここでもう一度、「楽天市場」の初期のエピソードを思い出してほしい。僕らは「楽天市場」への出店料を低く設定したので、この条件下で未来を予測しなければならなかった。当然、僕には未来が本当のところどうなるのかを正確に予測する力はなかった。しかし、可能性の高い筋書きを描き出すことは可能だった。当時のインターネットの状況をじっくり観察することで具体的な数値が得られたのだ。その数値を用いて、最善を尽くして未来の予想図を描いた結果、出店料の前払いという対策が生まれたわけだ。

「三木谷曲線」

0・5パーセントの改善が、商品の性質の良し悪しを分けるポイントだ。僕は楽天の全社員に、ベストを尽くし、さらに0・5パーセントの改善を達成しようといつも呼びかけている。あと0・5パーセントの努力が、よい製品を「最高の製品」に変身させるのだ。

テレビ、自動車、炊飯器など何であれ、メーカーは製品を最高のものにするために大きな努力を払っている。サービス業も同じだ。あなたの近所の喫茶店、レストラン、そして「楽天市場」の各店舗も、最高の結果を得るべく最大限の力を尽くしている。

それでも、最高の商品やサービスが、2位に大きな差をつけている場合がよくある。ある製品は良質だが、もう一方の製品が最高であることが明確にわかる場合があるのだ。またあるときは良い製品と最良な製品の差はわずかで、調べてもよくわからないような場合もある。しかし、それでもやはり差はあるのだ。注意深く調査をすれば、差はおのずと明らかになる。

●三木谷曲線

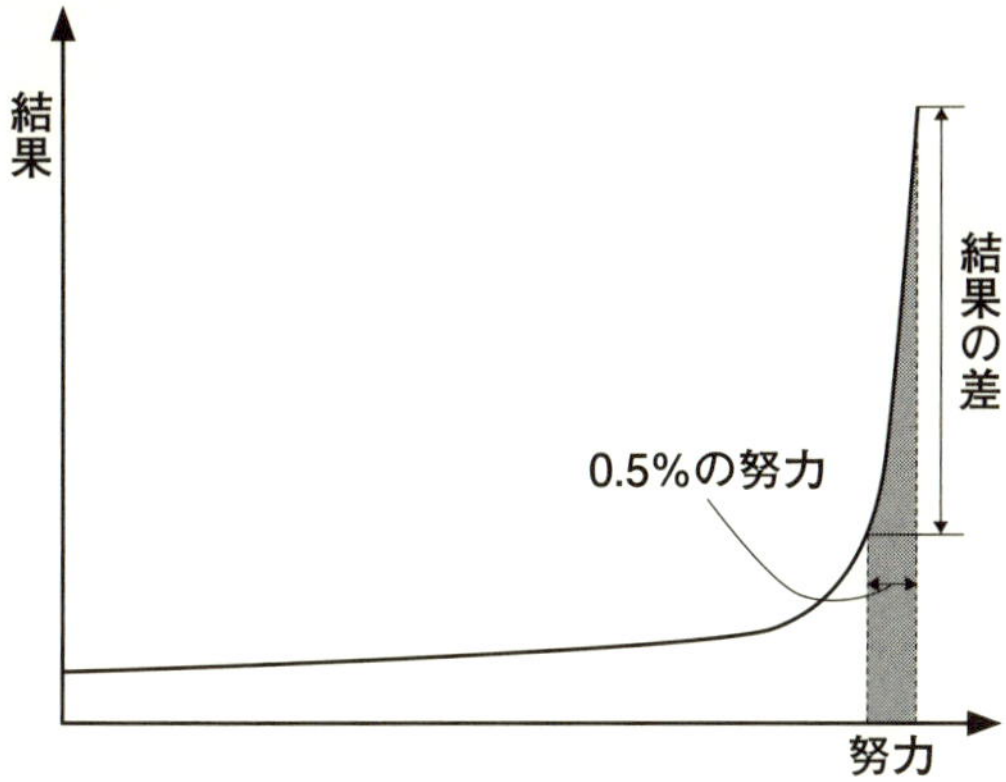

たとえば、コットンの繊維とシルクの繊維の違いを考えてみよう。手触りが良いのはどちらだろうか？　おそらく触れば答えはすぐにわかるだろう。しかし、コットンとシルクの繊維の目のサイズには、わずか0・1ミリメートル以下の差しかない。たったそれだけの差で、シルクとコットン、あるいは2種類のコットンの繊維についても、僕らは触っただけで差を区別できる。その差を数値で表すとゼロに近いが、この小さな数値の違いが、最終的に大きな違いを生むのだ。それが良い製品と最高の製品の違いだ。
自分なりの数値を決めよう。最後の0・5パーセン

トの努力を上に積み重ねるのだ。これは、僕が勝手に「三木谷曲線」と名付けた曲線の基準になる数値だ。最終段階の0・5パーセントの努力があなたの仕事のあらゆる面を改善させる。この数値を常に念頭に置いて、最後の努力が必ず実行されるシステムを作り上げよう。最後に少し努力するだけで、製品の品質は、直線ではなく、急速な曲線を描いて驚くほど速く向上するのだ。

数字からトレンドを読み取る

計測を活用する戦略は、その結果を日々の事業活動に当てはめてはじめてハイスピードを生み出すことができる。楽天の実例を紹介しよう。

売上、利益率、損益分岐点、組織的な利益、市場占有率、価格、消費者動向など、ビジネス界には数字があふれている。

数字は事実だ。数字は嘘をつかないし、耳に心地よく響くことを言ったりしない。ビジネスを理解するうえで、数字ほど役に立つツールはない。

数字が嘘をつくという人もいる。怪しげな投資銀行が一見もっともらしいグラフや計算値をでっち上げることがあるからだ。たしかにそのような場合は数字が嘘をついている可能性がある。しかし、それでもその数字を正しく読み取れば、投資家には真実が見えてくるはずだ。

数字が嘘をついているように見える原因の大半は、数字が表していることを人間が正確に読み取れていないところにある。人間の理解力不足によって数字の意味が誤解される場合があるのだ。

数字を正しく読み取るには、数字を現実世界に結びつける能力が必要だ。数字から想像力を膨らませる能力と言ってもいい。この能力がなければ、どんなに速く計算できたり、どんなに完璧に数字を覚えられたりしても、数字をビジネスに活かすことはできない。

数字を読み取る力を鍛えたければ、統計情報の変化を追跡することからはじめるとよいだろう。

楽天では、多くの社員が毎日、上司に業務レポートを提出する。そうすれば各部署でその日に上がった数字を整理できる。その集計レポートが僕のところに送られてくる。いつも、たった1日分で厚さ5センチメートルほどのレポートが送られてくるのだ。

数字には会社の業績だけではなく、周囲の状況までが反映される。これらの数字に目を通すだけで、自分のビジネスに何が起こっているか、そして周囲の世界で何が起こっているかを理解できる。ビジネスの現在の状況を知り、将来を予測できるのだ。

計測でイノベーションをスピードアップさせる

純粋に、クリエイティブな思考と突然のひらめきがイノベーションを引き起こすと考える人があまりにも多い。実際、すばらしいイノベーションが生まれるきっかけはひらめきだが、これを実現させるのは論理的な思考プロセスだ。そして大きな夢の実現にとって重要な役割を果たすのが計測だ。ひらめきを実現できるかどうかの具体的な根拠が計測によって示されるからだ。

それでは、どのようにひらめきを測ることができるだろうか?

ある日、通勤中に読む本を家に忘れてきたとしよう。そこで突然あなたの頭の中にバス停の前で書店を開くというアイデアがひらめいたとする。その瞬間には、想像上の書店は大繁盛しているだろう。ひらめきは成功に欠かせない。しかし、それは最初のステップにすぎない。あなたがバス停でひらめいた書店の夢は、ビジネスプランのファーストドラフト（原案）なのだ。まだ細部が描かれていない、ラフなスケッチだ。だが、ビジネスで重要なのは細部だ。具体的に細部を検討すると、予期していなかった障害が浮かび上がってくる。ひらめきだけに頼って詳細を検討しないまま計画を実行すると、たいてい失敗する。

失敗しないためには、自分のひらめきを数字で表すことが必要だ。そのバス停の利用者は何人か？　近隣の店舗の売り上げはどの程度か？　次のバス停の前にある書店にはどれくらいの集客力があるのか？　その書店の売り上げは？　この地域での店舗賃貸料は？　書店スタッフにかかる人件費は？　こういった具体的な数字をすべて集め、未来の自分の書店の利益を計算してみよう。具体的な数字でプランの詳細を検討し、その後でもう一度自分のひらめきの輝きを確かめてみよう。アイデアと数字とを見比べて、挑戦する価値があるか検討してみるのだ。

最初のアイデアを現実の数字で測ると、予測される利益がそれほど大きくない場合もある。しかし、だからといってあきらめるべきではない。詳細を詰めてプランを練り、検討に検討を重ね、それを最初の期待値と比べてみるのだ。どこかに計算ミスはないか？　利益を上げる方法はないか？　このプロセスを進めていくうちに新しいアイデアが思い浮かんでくるはずだ。これがひらめきの第2波だ。

この段階で新たなモデルを書き出し、計測をくり返し行う。計測ごとに必要な数値は違ってくるはずだ。夢を思い描き、そして計測をするというプロセスを何度もくり返すことによって自分のひらめきを具体化することができる。

ひらめきは、ビジネスにとって重要だが、これが最大限に活かされるのは数値と結びつけられたときだ。計測によって夢は現実へ近づくのだ。

フレームワークを使う

成功した人は、勝ちパターンをくり返す傾向がある。会社も同じだ。一つの分野で成功したら、どの要素が成功へと導いたのかを検討し、同じ戦略を応用できるか考えてみよう。つまり、一つの成功のパターンを別の分野でコピーするのだ。

たとえば、「楽天市場」に出店してくれる小売業者を増やすため、僕らはある対策を実施した。ポイントプログラムを導入したり、コスト削減策を提案したりしたのだ。これらの対策すべてが「楽天市場」の成功につながった。今振り返ると、こうした対策は有意義なフレームワークだった。僕らはこのフレームワークを、何か別の分野に応用できないかどうか検討している。ネット証券会社、旅行予約サイト、野球団など、僕らがはじめた新しいビジネスへの応用だ。さらに僕らが参入したヨーロッパ、アジア、北アメリカなど新しい市場にも応用したいと考えている。

単純なことのように思えるかもしれないが、フレームワークの認識は重要だ。急成長のカギは、成功によって築かれたフレームワークを大事にし、別の分野へ応用することなのだ。

役所をスピードアップさせる

スピードは個人や企業にとってだけでなく、官庁や公益法人など公的機関にとっても役に立つ。

しかし、公的機関の人たちに「スピード」というコンセプトは、なじみがないかもしれない。そこでビジネスリーダーの出番だ。

ビジネスリーダーが公的プロジェクトへ参加することを求められるケースは多い。資金提供者として、リーダーとして、あるいはサポート役として要請されるのだ。ビジネスリーダーは企業に求められるスピードと同じレベルのスピードが公的機関にも求められることをはっきり示すべきだと思う。公的機関がのんびり仕事をしている状況を見過ごしてはならない。実際、僕らはこの情けない状況をこれまで許容してきた。２０１１年3月の東日本大震災の後、官僚たちは対応が遅かったことを認めたが、驚く人はほとんどいなかったはずだ。公的機関がふだんからいかにスピードアップを心がけていないか、国民はよく知っていたからだ。しかし、公的機関がこれまでのろのろと仕事をしつづけてきたからといって、これを野放しにしていいわけがない。

時間の勝者がすべて

一日24時間、一年365日が、僕ら全員に等しく与えられた条件だ。しかし、この時間をどのように効率よく使うかによって個人の間に差が生まれる。てきぱき仕事を進められる人は、もたもたしている人に、いつでも勝利する。その様子は、勝者のほうに最初から何倍も多くの時間が与えられているように見えるかもしれない。

どんなに優れたスキルの持ち主でも、もたもた仕事をしている限り、一日24時間で40時間分の仕事をしようという意欲のある人には勝てない。これは単純な算数の問題なのだ。

楽天流・実践のヒント 8

・スピードを会社の優先事項として定め、コスト削減と同じくらいの熱意をもって時間の節約方法を検討する。チームには緊急時などの一時的なものではなく、日常的に意識すべき行動規範としてとらえてもらう。

・個人としてもスピードを優先事項に加えよう。今取り組んでいる業務をより速やかに進められないかを常に意識することを個人の目標に据えよう。

・動きながら改善していく仕事のやり方を受け入れよう。スピードを大事にするなら、改善はプロジェクトの進行と同時に行わなくてはならない。プロジェクトが完璧な状態になるのを待つのではなく、まずプロジェクトを動かし、その過程で改善していくのだ。

第9章 プロ野球、Jリーグ、オーケストラ——地域貢献のルールを書き換える

２００３年、僕は、生まれ故郷である神戸市の市長から電話を受けた。地元のプロサッカー・チーム、ヴィッセル神戸の運営について相談したいという。

当時、景気の低迷がつづき、多くの企業は利益を上げるのに必死な状態だった。ヴィッセル神戸も大きな問題を抱えていた。チームの主要なスポンサーも苦しい財政状態にあり、もはやスポンサーをつづけられなくなっていたのだ。そこで神戸市が介入したのだが、やはり財政上の問題があり、チームの運営から手を引かざるを得なくなっていた。ヴィッセル神戸は存続が危ぶまれる状態にあった。

神戸市長は僕にスポンサーを引き受けてくれないかと打診してきたのだった。僕はチームを個人で購入し、財政上のバックアップを引き受けた。当時、神戸に住んでいなかったが、両親と姉は神戸に住んでいたし、また神戸には個人的にとても強い愛着を抱いていたことが、その理由の一つだ。加えて、スポーツ、芸術、音楽などに関わる文化事業は、人々にとって欠かせない特別なものだと信じていた。そしてせっかく関わるなら、単にサポートする以上の貢献をしたい。それが地域コミュニティーの人々に対する責任だと思った。世界に住む人々の生活を向上させることは、僕ら全員に課せられた共通の使命なのだ。

こう書くと、故郷のサッカーチームをサポートするにしては、おおげさだと思われるかもしれない。神戸のサッカーチームがどうして人々の生活を向上させることができるのか？　スポーツ組織のサポートなどの文化事業に期待しているという人は少ないかもしれない。しかし、それが、一人のリーダーとして僕が抱くビジョンの一部なのだ。この章では、なぜビジネスがスポーツや芸術などに関わっていくべきなのか、僕の考えをお話ししよう。

企業が地域のチャリティーに寄付したり、地域のスポーツチームをサポートしたりすることは珍しくない。こうした行為は当たり前のこととして受け入れられているし、そのおかげで企業は効果的なマーケティングも展開できる。しかし、僕にとって、地域への貢献にはマーケティングを超える価値がある。企業は、人々の生活の向上のために自らが果たす役割をはっきり自覚すべきだ。僕がビジネスを行うのは、世界をより良いものにしたいという目標があるからだ。この思いは僕のオフィスを飛び出て、僕が関わる地域へと伝わっていく。そして地域から、世界中へと伝わっていくだろう。

地域への貢献は利益還元の問題ではない。会社の存在理由に関わる問題なのだ。

東北楽天ゴールデンイーグルスの挑戦

大企業のアニュアルレポートには、多くの場合、その企業が地域にどのように利益を「還元」したかを記す項目がある。慈善活動として還元されることもあれば、スポーツチームやアート・プロジェクトのスポンサーとして還元されることもある。社員に慈善活動のボランティアやサポートを行わせる企業もある。あるいは金銭的な寄付を行う企業もある。

すべてすばらしい活動だと思う。これからもつづけていくべきだろう。しかし、それが財政的支援にとどまっているのではもったいない。ビジネスリーダーにできることはもっとある。人間社会に対して貢献できることがたくさんあるはずなのだ。

たとえば、改革のためにリーダーシップを発揮したり、サポートしたりすることもできる。僕ら自身が文化事業の運営に能動的に関わるのだ。このとき文化事業のメンバーとの関係は、顧客とのビジネス上の関係より深く、より人間的なものになるだろう。ビジネスの世界に身を置く人間が文化事業に積極的に貢献したければ、自ら地域のコミュニティーに飛び込まなくてはならない。

地域社会への奉仕活動は、僕にとって副業ではない。それどころかこれはビジネスマンとして、そして人間としての僕の目標に深く関係している活動だ。僕はなかなか変化が起こらない日本社会にもどかしさを感じていた。ＴＢＳを買収しようとしたとき、メディア業界の古い考えに直面して大きないらだちを覚えた。経団連の凝り固まった当時のメンタリティにもがっかりして、経団連から脱退した。これまで僕は、ビジネス界の古いしきたりや考え方をかき回してきたが、スポーツの世界でも同じことをしようと考えている。

2004年11月、仙台にプロ野球パシフィック・リーグの新しい球団を設立する認可が楽天に対して下りた。新しい球団のフランチャイズ権を得るには、別の企業が所有していたチームを公開入札で手に入れなければならなかった。これには膨大な費用と時間を要した。

2004年以前、日本のプロ野球界は危機的状況にあった。僕らは日本プロ野球史上初の選手によるストライキも目の当たりにした。伝統的なリーグ制は多方面の批判を浴びていた。

そんな苦境にある野球界になぜ首を突っ込んだかというと、僕ならこの業界の古い体質を改革できるかもしれないと思ったからだ。

いつの時代も、野球は人気のスポーツだった。しかし、野球界の閉鎖的な体質のため、そのイメージも悪化していた。野球界の不透明さにファンが不信感を募らせ、人気に陰りが出ていたのだ。つまり、野球界は劇的な改革を必要としていた。

僕は新球団、東北楽天ゴールデンイーグルス（以下、楽天イーグルス）の新しいマネージメントの仕方を考えた。まず、新しいコーチとスタッフからなるチームを編成した。人選で重視したのは能力と、古い慣習にとらわれない姿勢だ。僕は完全な透明性を保ちながらチームを運営し、野球界を行き詰まらせたボトルネックと戦うつもりだった。ほかのチームの運営方針についてどうこう言うつもりはなかった。しかし、僕はほかのチームとは違った方針で球団を運営した。すべてをオープンにし、それによって野球界に新時代が到来したことを実際に示したかったのだ。

チームのマネージメントでは契約やトレーニングに新たな方法を導入した。選手が食べるものまで管理したくらいだ。僕らの試みを、野球界では快く思っていなかった人たちもいただろう。しかし、古いしきたりに従いすぎたことが、野球界の低迷を招いた原因なのだから断固として改革を進めるしか道はなかったのだ。

会社の存在価値は利益を出すことだけにあるのではない。人々に楽しさを提供することも大事な役割だと考えている。野球は単なるスポーツではなく、観客に喜びを届けるエンターテインメントなのだ。野球の持つこの魅力を軽く見てはならない。一流の選手たちはいつもこのことを心がけてきた。日本を代表するプロ野球選手だった長嶋茂雄氏もそうだ。彼が有名なのはホームランを多く打ったからだけではない。果敢にホームランを狙う姿が観客の心を打ったのだ。彼が空振りする勢いでヘルメットが飛ぶことも珍しくなかった。彼は単にアスリートとして競技していただけではなく、エンターテイナーとして観客を楽しませていたのだ。長嶋氏が三振したとしても、ファンの心は刺激で満たされた。長嶋氏が打席で全力をふるう姿を見て、ファンは彼を応援しようとする気持ちを燃え上がらせたのだ。彼こそスポーツがゲームの勝敗を超え、観客を虜《とりこ》にできることを証明するすばらしい実例だった。試合を観戦することは、ファンにとって純粋な喜びだった。

僕らは、野球の観戦者を試合の参加者に変えたかった。楽天野球団の理念には、次のようなビジネス哲学を掲げている。

「The Baseball Entertainment Company～私たちは、野球を通じて感動を創り、夢を与える集団である～」

この哲学に従って、僕らは新たな文化を生み出そうと日々努力している。観戦者が興奮し、直接試合に参加できるような文化だ。

その試みの一つが、試合前に球場で開催している、地元のファンが参加できるイベントだ。そこでは、学生や合唱団が国歌を歌ったり、観客に伝統芸能を披露したりもする。チーム設立以来、たくさんの人がこのイベントに参加し、この数年で参加者の数は10万人を超えた。

楽天イーグルスには、設立以来つづけているプロ野球団としては初の、地元のファンがクラブの運営に直接関わることのできるボランティア・プログラムがある。このプログラムの主な目的は地域との一体化を進めることで、下は16歳から上は82歳まで、数千人のファンが参加してくれている。ボランティアたちは7ヵ所の「エコステーション」を受け持ち、ゴミを分別し、観客に環境意識を広める役割を担っている。エコ活動を行う「エコボランティア」に加え、スタジアム案内係もいる。彼らは試合中に楽天Ｋｏｂｏスタジアム宮城（以下、コボスタ宮城）の道案内を行う。さらに、けが人や病人が出た際は応急処置を行う医療ボランティアもいる。

ここまでに述べたことは、野球団や日本の文化事業がどのように運営されるべきかという問題についての僕なりの回答だ。球団運営に乗り出したとき、世間は僕と楽天に注目すると確信していた。そのチャンスを活かして、自分なりのマネージメント手法とビジネスモデルをぶつけて、硬直した日本の因習に変革を起こそうとしたわけだ。

野球団の運営は、かなり外から見えやすい地域交流の手段の一つだ。２０１１年に僕が東京フィルハーモニー交響楽団の理事長を引き受けたときも、外から見えやすい地域交流を目指そうと思った。理事長という大役は僕が望んで就いたのではない。前任の会長・大賀典雄氏（元ソニー会長）が後任を打診してきたとき、僕はこの役にふさわしくないのでお引き受けできないと答えた。僕が参加する〝音楽活動〟はカラオケくらいだとも伝えた。東京フィルハーモニー交響楽団？　そんな超一流のオーケストラに対して僕に何かできることがあるのか、というのが正直な気持ちだった。

しかし、大賀氏は次のようにおっしゃった。

「第一に、カラオケは音楽ですよ。第二に、三木谷さんならうまくやる方法を見つけられると確信しています」

現在、僕は野球団の運営と同じ方法で、この困難な事業に取り組んでいる。交響楽団にハイレベルな演奏者を雇い、その雇用を維持するための方法を検討している。これまで行われてきた雇用形態は因習にとらわれたものだったからだ。雇用契約や採用方法を変えることで、音楽界に進化を促し、聴衆の耳に良質な音楽を届けたい。僕がこれから進める改革には、スポーツ界で培ってきた経験を活かすつもりだ。ルールを変え、パフォーマンスを向上させる方法を見つけるのだ。これが、ビジネス界のリーダーが文化的な分野で果たすべき役割だと思っている。

文化は直感を与える

スポーツや音楽はエンターテインメントを提供するとしても、社会の中で大した役割を果たしていないという意見がある。僕の意見はこれと正反対だ。文化事業は人々に感動を与える重要な機能を持ち、社会に大きく貢献しているからだ。特に2011年の東日本大震災によって地震と津波の被害に見舞われた後の数ヵ月、文化事業はかつてなかったほど大きな役割を果たした。

楽天イーグルスの本拠地がある宮城県は、地震と津波の被害を最も大きく受けた地域の一つだ。チームのスタジアムが受けた被害も甚大だった。壁やスタンド通路には亀裂が入り、いたるところで浸水が起こっていた。たくさんのファンが死傷し、被害のために家から立ち退きを強いられた。地震がおさまった後も、人々は福島第一原発の状況に不安を抱いていた。東北地方のみならず、日本中が肉体的・精神的に弱り果てていた。

この困難な局面の真っただ中、日本ではファンファーレとともに野球が再開された。楽天イーグルスももちろん試合に臨んだ。

地震と津波からちょうど1ヵ月たったころだ。自分たちのスタジアムは損壊が激しく、ホーム開幕に向けて補修を続けていた。楽天イーグルスは4月12日、千葉にて千葉ロッテマリーンズとのリーグ開幕戦に臨んだ。選手たちのユニフォームには「がんばろう東北」と書かれたワッペンが貼られていた。苦難に耐えるファンたちを応援するためだ。

感動的な試合だった。リーグ戦の開幕に先立ち、震災の被災者を支援するために行われたチャリティーマッチの際、スピーチで「見せましょう、野球の底力を」と語ったキャッチャーの嶋基宏がレフトスタンドにスリーラン・ホームランを放った。楽天イーグルスのファンたちが応援しているスタンドへだ。楽天イーグルスは6対4で勝利を収めた。最終回が終わると、選手たちはレフト側に進み出て、ファンたちに手を振りつづけた。

翌日の新聞記事には、ファンたちの感動ぶりが詳しく紹介されていた。ファンたちはチームが彼らにエネルギーをくれたと感じていた。楽天イーグルスの勝利のおかげで自分たちにも力が湧いてきたという。ファンたちは応援し、そして応援された。スポーツチームがエンターテインメントを超える感動を生み出したのだ。

企業が文化事業に関わるとき、感動を与える重要性を忘れられがちだ。企業側は、文化事業の運営に対して一応やらなければならないことの一つといった認識しか持っていないことが多いように思える。しかしファンたちにとって、野球やコンサートなどの文化活動は、もっと大きな意味がある。大きな心の傷を負うような出来事の後には、ふだんはちょっとした日々の楽しみにすぎなかったことが、人々の心の糧となることもあるのだ。

ビジネス界のノウハウを活かす

僕らがビジネスの世界で身につけたノウハウや考え方の多くはほかの分野にも応用できる。だが、実際にオフィスに人々を招いて自分たちの仕事ぶりを見てもらうわけにはいかない。しかし文化事業に参加してリーダーシップを発揮すれば、それを人々の目に見える形で活かせる。

たとえば、僕らはコボスタ宮城の売店で提供するお皿、コップ、お箸、フォークなどのゴミを減らすため、各売店統一規格の新しい容器を開発した。新容器はゴミの分別と回収が容易になるよう統一化されている。

コボスタ宮城の売店ではリサイクル可能なカップも売られている。球場に集まったファンたちは知らず知らずのうちに紙製品のゴミを少なくし、環境保護に貢献できるわけだ。こんなふうに僕らは楽天で学んだことを、文化事業を通じてコミュニティーの人たちに見てもらっている。

また、神戸市では「楽天×ヴィッセル神戸　エコプロジェクト」が進められている。プロジェクトの狙いは、地域のエコ活動の輪を広げることだ。プロジェクトではリサイクル活動を推進したほか、スタジアムの座席の一部に「床発電システム」を導入した。ジェイアール東日本コンサルタンツが開発したシステムで、飛び跳ねて応援するサポーターの振動を電力に変えることができるすぐれものだ。

作り出された電力は数値として、プロジェクト名とともにコンコース内のパネルに映しだされる。この数値を見て、どれだけ発電できたかを知るのもサポーターたちの楽しみの一つのようだ。目標は、発生した電力で試合中に消費される電力の一部をまかなうことだ。

プロ野球団オーナーとは

技術の進歩のおかげで、僕らは変化のスピードが速い時代に生きている。しかし、どの変化がいい変化なのか、あるいは危険をはらむものなのかは、なかなかわからない。これまでビジネスの世界で盛んに議論されてきたこの問題が今、文化事業の世界でも浮上している。

野球団のオーナーとして僕はこの問題に直面した。日本野球機構に所属するあるチームが譲渡されようとしたときのことだ。新オーナーの候補の一つに携帯ゲームを配信する会社があった。僕は携帯ゲーム会社が利用料金を課金する方法に懸念を抱いていた。僕はゲーム会社が不健全な方法で子供たちにゲームの購買意欲を煽ったり、貯金をつぎ込ませたりしているシステムに不信感を持っていた。

大人であれば自分で判断できるだろう。しかし、子供たちはどのようなリスクがあるのか理解できない。ある会社が野球団のオーナーになれば、その社名は若い野球ファンに知れ渡ることになる。僕は球団オーナーの一人として、そしてビジネスマンとして、自分の懸念を表明する必要があると感じた。そして、僕らが社会の一員として、尊敬を集めるスポーツを通じて若い世代に伝えたいメッセージはこれなのか、と人々に問いかけた。野球界には反対の声もあるかもしれないが、僕は球団オーナーの立場から問題点を指摘したのだ。

ビジネス界がこうした社会性の高い文化事業に関わるとき、スポンサーである以上の役割や責任を担うことが求められていると考えているからだ。

パートナーシップ事業

産業界やグローバル市場に大きな変化をもたらしたいとき、僕はよく企業買収という手段を選んできた。企業のオーナーになれば、自分のビジョンを思いどおりに、しかも即座に実行に移せるからだ。この手法はビジネスの世界では有効だ。しかし、地域コミュニティーの活動に参加するとき、買収は必ずしも最適な道とは限らない。文化事業が支援や変革を求めているからといって、その事業のオーナーになるべきでない場合もある。僕一人で一つの文化事業の組織全体をコントロールするわけにはいかないのだ。別の個人や組織とパートナーシップを結んだほうが、大きな役割を果たせることもある。

私的組織と公的組織がパートナーシップを結ぶのは簡単ではない。特に営利企業と非営利団体が手を組むときには両者が現実と理想の違いを理解し、状況に合わせて互いの役割を調整していかなくてはならない。

楽天が最も力を注いでいるパートナーシップ事業の一つに「楽天ＩＴ学校」がある。これは次世代を担う全国の子供たちにインターネットの持つ力と可能性を伝える教育活動で、楽天グループ創設10周年を記念して立ち上げた社会貢献推進プロジェクト「ちょっといいこと楽天」の一つとしてはじまった。運営するのは楽天社員のボランティアと「楽天市場」の出店者だ。

子供たちは普段、ゲーム、ＳＮＳ、学校での調べ物などを通じてインターネットに親しんでいる。だが楽天の目的は、インターネットの世界に存在するさらに大きな可能性を子供たちに伝えることだ。「楽天ＩＴ学校」では、生徒たちに「楽天市場」の店舗運営を実際に体験してもらう。店舗サイトの更新や商品発送の作業、主力商品の製造過程や出店者の仕事場の見学を通じて、生徒たちは教室やインターネットだけでは知り得なかったことを学ぶ。販売戦略の立案、ウェブページによる売り場作り、商品プロデュースなど、「楽天市場」の出店者が行っている運営にも参加してもらう。

生徒たちが実際に販売戦略を考案するには、消費者動向を調べたり、共同運営する店舗の特色をつかんだりしなければならない。すべてのプログラムを体験するのにかかる期間は約1年だ。

２００９年12月には、このプログラムの成果として、同志社女子大学と「楽天市場」出店者の「京都森勝」がコラボレーションして、オリジナルの薬味を販売しはじめた。

それ以外にも、楽天はインターネットの基礎コースを設置して、適切で安全なインターネット利用に関する講習も行っている。このコースは小学生や中学生のほか、子供たちに教える立場にある教師、親、保護者も対象としている。教師、親、保護者を対象としたコースでは、インターネット利用時の子供の心理について理解することもカリキュラムに入っている。実際にサイトを見ながら議論を行うこともある。

「まち楽」というパートナーシップ事業もある。楽天と地方自治体が協力し、インターネットを利用して地域経済の向上を目的とする事業だ。２００８年4月に「まち楽　北海道」からスタートした。

この事業では、日本中の都道府県の「まち」（コミュニティー）にスポットライトを当て、それぞれの魅力をインターネットで情報発信する。「まち楽」のウェブサイトはその地域の住民とそこに訪れる旅行者、そしてこれからそこを訪ねたいと思っている人が楽しめるようにデザインされている。たとえば地域特産物の情報を「楽天市場」のウェブサイトに掲載したり、観光名所やホテルの情報を楽天トラベルのウェブサイトで紹介したりする。

「まち楽」のウェブサイトには、都道府県や市町村など地方自治体が発信する地元の最新情報を紹介するページもある。そこでは地域の季節便りや、自治体職員のブログにアクセスできる。

楽天は、年に2回実施している、自治体勉強会のスポンサーも務めている。全都道府県の代表者を招き、現在進行中のプロジェクトについてプレゼンテーションをしてもらったり、いくつかの地方自治体が共同で行ったＩＴプロジェクトの成功例について情報交換してもらったりするワークショップだ。ここから新たなプロジェクトが生み出されることもある。さらに地方自治体の協力を得て、オンライン共同プロジェクトの推進や、ＩＴ利用の促進などのパートナーシップ事業も実施している。

パートナーシップ事業は僕らにとってどんな意味があるだろうか？　こうした活動によって、これまで以上に多くの人々がインターネットを利用するようになる可能性はあるだろう。だが、必ずしも楽天に金銭的利益をもたらすわけではない。パートナーシップ事業は、楽天が経営の基本理念として掲げる「エンパワーメント」、つまり、人々を力づけたいという思いにつながっている。エンパワーメントの価値を信じている僕らは、楽天の内と外とを隔てる壁を取り払ってでも、エンパワーメントを実践しているのだ。

チャリティーを通じた還元

コミュニティーが危機に見舞われたとき、人々は何らかの対策を打とうとする。リーダーシップを求め、コミュニティーを活性化するために何か貢献できる方法がないか頭を絞るのだ。ビジネスの世界に身を置く者たちは、人々が求めるリーダーシップを提供したり、コミュニティーを復活させる活動に参加したりできるし、また、そうすべきでもある。ビジネスで培ったシステムやインフラを使って、個人がコミュニティーの中で労力と資源とを効果的に結びつける手助けをするのだ。

最近の楽天の慈善活動のなかで、印象に強く残っているのは、２０１１年の東日本大震災直後の活動だ。あのとき僕は宮城県石巻市の避難所を訪問した。石巻市は震災の被害が最も大きかった場所の一つだ。僕はそこで自分に何ができるか、被災者の方々に直接聞きたいと考えた。石巻市の仮市庁舎に向かう途中、見晴らしの利く日和山公園に立ち寄った。そこから眺める町は巨大な津波に洗い流され、壊滅していることに大きな衝撃を受けた。

避難所となっていた中学校で被災者の方々の声に耳を傾け、いろいろなことに気づかされた。地域が復興する道のりはあまりにも長いこと。そして、僕らビジネス界にいる人間も、復興の一助となるべく全力でサポートしなければならないこと。

僕の心には阪神・淡路大震災の記憶が今も深く生々しく残っている。だが、今や神戸市は復興を遂げ、１９９５年の震災で受けた破壊の爪跡を見つけるのが難しいくらいだ。もちろん神戸市と石巻市とでは受けた被害の規模が違う。だが神戸の復興の記憶は、東北地方も震災から立ち直れるという希望と確信を僕に与えてくれた。

以来、東北のために楽天に何ができるか考えつづけてきたが、今僕は、ある結論に達しつつある。つまり、復興とは、被害を受けた地域を元の状態に戻すことだけを意味しているのではないということだ。新たなコミュニティーを作り上げることも復興といえるのではないか。その意味で、復興できるかどうかは、僕らの世代とこの国の未来を担う子供たちにかかっている。

これから東北には金銭的な援助以外の支援も必要だ。僕らは、被災地における「楽天市場」出店者たちの復興への取り組みを紹介する特設サイトを作った。そこには地域のニュースや店の再開を知らせるイベントカレンダーが掲載された。僕らは、復興への道のりを歩む被災した出店者たちが世界に向けて情報を発信するプラットフォームを提供したのだ。

ネット上だけでなく、被災地での日々の活動を支援する方法も検討し、楽天は仮設住宅に居住する被災者たちにエンターテインメントを提供するイベントや、住民に食事を提供する料理イベントなどを行った。また２０１２年12月からは福島県にて、車両型の「楽天いどうとしょかん」を巡回させ、子供たちに読書をする機会を提供している。ここに保護者たちも集まるため、小さな地域コミュニティーとしての役割も果たしているという。

義援金の募集も行った。楽天のシステムを用いて、個人が被災者に寄付金を送ったり、復興を直接手助けしたりするための手段を提供したのだ。これは僕らにとってはじめての経験ではない。「楽天銀行」は過去にアメリカの9・11テロ事件の犠牲者と、救助活動中に犠牲となった消防隊員や警察官の家族に対し、救済資金を調達して支援した経験がある。また、パキスタン、ロシア、ペルー、中国の地震の被災者を支援したり、カンボジアで小学校を建設したりするための資金調達を行ったこともある。スポンサー付きの資金調達は、企業が地域を支援する手段として古くから利用されている。しかし良い手段だからといってやみくもに実行すればいいのではなく、新たな方法を模索しながら行うべきだろう。また、会社としても個人としても義援金を贈った。成功を収めている企業や個人には、地域コミュニティーへの金銭的な支援も期待されているのだ。

ビジネスはお金以上のものだ

かつてこんなことがあった。僕が家族とともに外出していた夜、ある男性が僕に近づいてきていっしょに写真を撮らせてほしいと頼んできた。

僕は家族と時間を過ごしていたので、彼の申し出を断った。

後で僕は妻からあの時の振る舞いは間違いだと指摘された。「ちょっとの間、立ち止まって写真を撮られるくらい大したことではないでしょう？　あなたにとっては大したことじゃないけど、彼にとっては何か意味のあることだったのかもしれない。だから『いいよ』って言うべきだったのよ。それがオフィスの外の世界でのあなたの務めなんだから」

そう言われると、妻の言うことが正しいと思えてきた。つまり、僕は、ビジネスの世界だけで自分の役割を果たせばいいというわけではないのだ。僕の役割は、ビジネスを超えた世界にも広がっている。このことは世の中のすべての人にあてはまる。しかし、特にビジネス界に身を置くリーダーたちに強く訴えたい。僕らビジネスマンは日夜、利益や損失といったビジネス上の問題に取り組んでいる。しかし、オフィスの外でもリーダーとしての役割を果たす必要があることを心にとどめておかなければならない。職場以外でも、人々に道筋を示し、リーダーシップを発揮し、よい影響を与えつづけることが僕らの仕事なのだ。

経営者たちは、アニュアルレポートで株主たちに、地域コミュニティーにどれだけ「還元」したかを報告しているだろう。そのとき、金銭以上のものを還元できたか、自分に問いかけてほしい。リーダーとしての才能、そしてあるべき未来像を提示する者としての才能を地域コミュニティーに還元できたかどうかを問うのだ。あなたの才能を必要としているのはビジネスの現場だけではない。

利益を還元する以上のことをすべきだ。

楽天流・実践のヒント　9

・グローバル企業を目指すなら、どの地域に展開するにしても、ビジネスを行うだけでなく、その地域コミュニティーに対してあらゆる面で貢献しなければならない。地域交流や慈善活動でも力を発揮すべきだ。

・地域貢献活動を通じて地域をエンパワーしよう。慈善活動は金銭的なものだけではない。地震などの大きな自然災害ではただちに金銭的な支援が必要とされることもあるが、それ以外の場面では、専門的な知識や技術、人的資源などが求められる。

・地域貢献活動にも既存のルールや慣習がある。それを守るべきか検討してみよう。いくつかのルールや慣習は現在でも有用だろう。しかし、それ以外のルール、たとえばこの章で議論したようなルールには変革すべきものもある。地域貢献活動のルールを書き換える必要がないか目を光らせよう。

終章　eコマースの未来——ブランドは国家を越える

最後に、僕の使命についてもう一度述べておきたい。まずは自分のビジネスの成功。それを顧客、社員、株主が望んでいる。もちろん彼らが僕に期待するのは正しい。なにしろ、それが僕の仕事なのだ。

しかし、経営者として人生を長く過ごすうち、会社の成功や日本の産業界の成功、あるいは日本の成功といったものより、もっと大きな使命があると考えるようになった。それは、人類の一員としても成功することだ。この使命を達成するには、世界をより良くする方法について常に考えていかなければならない。

はじめてこれを達成する道筋が見えた瞬間のことを今でも覚えている。先に述べたが、設立して間もない自分の会社で、ただ一人の同僚がオンラインでウォール・ストリート・ジャーナルを読んでいる姿を目にしたときが僕の「アハ！　モーメント」、つまり、ひらめきの瞬間だった。そのとき僕にはインターネットがビジネスを変革する道筋がはっきりと見えた。そして同時に、インターネットがこれから全世界に与えることになる衝撃を垣間見た。

まさに世界の変革がはじまっていた。インターネットがあれば、そのホームページにアクセスしてすぐに記事を読むことができる。同僚は、最新のビジネスニュースを先取りして、どんどん情報通になっていった。彼は仕事に前向きになり、未来を鋭く見通す力も身につけていった。同僚自身も変化したのだ。

この変化の波は、今なお世界に広がりつづけている。インターネットのおかげで、日々、時間が節約され、効率が上がり、ネットワークが密になりつつあるのだ。インターネットの力をいち早く理解し、悟ったのはｅコマース企業だ。そのため、僕らは世界にインターネットを広げるという特別な役割を担うことになった。

ビジネスで成功するだけでなく、すばらしい未来を実現することも僕の人生の目標だ。世界を進化させるために、僕らはこれからも変化を次々と起こしていかなければならない。

お金の変貌

現実社会に起こっているさまざまな変化を、僕らは目の当たりにしている。その変化の一つが、金融サービスのオンライン化だ。金融サービスは最終的にはインターネットに完全に取り込まれてしまうはずだ。近い将来、僕らの知っている貨幣は、ビニール・レコードのような骨董品として収集の対象となるだろう。

お金は本質的に情報だ。価値あるものと交換する取り決めに関する、人間が生み出した概念にすぎない。僕らが製品やサービスに見いだす価値を表す情報なのだ。単なる情報だからこそ、ほかのあらゆる情報と同じように、お金をインターネットの強みを活かして取り扱うことができる。

金融サービスの完全なオンライン化が実現するのは時間の問題だ。今、僕らは貨幣を用いて金銭取引を行っている。しかし、貨幣よりビットコインのような仮想的なお金を扱うほうがずっと便利だ。すでに多くの金融サービスがデジタル化されている。近い将来、すべての金融サービスが仮想化し、人々は貨幣がまったく登場しない世界に住むことになると僕は考えている。

多くの人は、こんな事態を想像しにくいかもしれない。実際、金融サービスのデジタル化は、現在の常識とはかけ離れた世界を出現させるだろう。1万円札を手にすれば、それが1万円だという実感が湧く。これは僕にも理解できるし、同時に単なる感覚にすぎないことも知っている。古いものを懐かしむ感傷なのだ。僕らが貨幣にこんな感情を持つのは、これまでずっと慣れ親しんできたものだからだ。未来へつながる唯一の正しい方法だからではない。

人類は、歴史的に金融サービスのあり方を何度も作り直し、進化させてきた。銀行預金システムが誕生したとき、多くの人は不安を抱き、危険で愚かしいシステムだと思ったはずだ。当時も、古き良き方法を懐かしんで、銀行預金というイノベーションのためにそれまでなじんでいたやり方を手放したくないと考えた人がたくさんいただろう。しかし、それから幾世代も経て、銀行を利用することをためらう人はほとんどいなくなった。銀行はもはや何の変哲もない存在だ。

クレジットカードが登場したときにも同じことが起こった。誕生して間もないころのクレジットカードは現金に比べて危険なものだと考えられていた。しかし現在、僕らはいたるところでクレジットカードを使っている。普通の取引手段になったのだ。同じように、いつの日か、インターネットでお金を管理することも当たり前に受け入れられるようになるだろう。

銀行、証券、保険など、今やほとんどの金融サービスにインターネットでアクセスすることができる。eコマースが広がるにつれて僕らはオンラインで商品やサービスを購入し、お金を投資し、貸し借りすることに慣れてきた。車であれ、コーヒーであれ、何を買うにしても、気にせずにクレジットカードで支払っているのだ。

金融サービスを提供する側も、顧客のインターネット利用が進むとそれだけ経費を削減できる。これからも先駆者のやり方をまねる人が次々出てくるのは当然の成り行きだろう。より安価で、より効率的にビジネスを展開できる魅力は無視できないからだ。そう遠くない将来、金融サービスのあらゆる場面に、インターネットでアクセスできるようになるだろう。消費者、ビジネスパーソン、行政官の間で、あらゆるコミュニケーションはインターネットを介して行われるようになり、貨幣を用いた古い経済は歴史のなかに消えていくことになる。

この進化を止めることはできない。マスメディアが、紙からインターネットへの移行の流れを止められなかったのと同じように、金融業界も消費者がデジタルなプラットフォームに移行する流れを受け入れざるを得ない。

商取引は国境を越える

楽天のほかにも多くの企業が母国を飛び出し、グローバル市場でビジネスを展開しつつある。商取引の国際化はすでにはじまっているのだ。

企業は世界中で顧客を探せるようになった。店舗を開く場所を選ぶ必要はないのだ。どんな顧客を相手にしたいかだけを考慮すればいい。商取引の世界では母国という概念も消える。世界が市場なのだ。

消費者は、世界中の商品にアクセスできるようになる。先進国に住む人はその恩恵をあまり感じないかもしれない。しかし、世界中のどこに住んでいようとも、売られているものなら何にでもアクセスできるというのは画期的なことだ。この変革は、インターネット・ショッピングモールの出店者に利益をもたらすだけでなく、これまで経済的に恵まれなかった地域に住む消費者たちにも生活の向上をもたらすだろう。機械部品からエンターテインメント商品まですべての商品にアクセスできるなんてことは、インターネット登場以前には誰も想像できなかっただろう。世界中の人々の生活が、インターネットによって変わってしまうのだ。

思考も国境を越える

市場の拡大に伴って人々の思考もグローバル化していくだろう。今や、消費者、生産者、商店のそれぞれが国境を越えてつながるようになった。これから彼らの関係はますます密になり、議論を交わしながらお互いのことを学んでいくだろう。関係は商取引にとどまらず、もっと深い交流へ発展していくだろう。彼らが最初に握手を交わすのは商取引の場だが、それをきっかけにもっと深い関係が築かれていくのだ。

このような世界を実現することが僕の経営者としての最大の目標の一つだ。日本のビジネスパーソンと話すとき、僕がよく取り上げるのは、グローバル思考を養うにはどうすればよいかというテーマだ。島国を越える視点を持ち、統合された世界の一員として将来を展望するには何が必要だろうか。僕らは商取引を最初のステップとして、そこからさらに豊かな人間関係を築いていかなければならない。市場は利益を生み出す場だが、人間関係の構築にも大きな機能を果たすはずだ。市場が世界を変えるのだ。

市場の国際化に伴って人々の精神構造に根本的な変化が起こると、将来、「国」のあり方も様変わりするだろう。伝統的な意味での国境や文化がなんらかの形で残る一方、インターネットによっていやおうなく人間社会はまったく新しく再構築されることになる。人々は新たな社会形態にすぐに忠誠を誓うだろう。

今後、ブランドが人と人を結びつけ、創造性を生み出す原動力になると僕は信じている。かつて国家が果たした役割をブランドが担うのだ。これをきっかけにブランドは飛躍する一方で、大きな責務を負うことにもなる。インターネットがさまざまな障壁を取り払い、人々の世界観を変えるとともに、ブランドが指導的な役割を果たすようになるのだ。インターネットに最初に価値を見いだしたｅコマースというブランドは、この新たな課題に先頭を切って挑まなければならない。

インターネット――。それは、単なる商取引のためのツールというだけではなく、人々の生活をより豊かにするための力、世の中に真の革新を巻き起こす力を十二分に併せ持つ技術である。僕は、この変革の最前線にこれからもずっと立ちつづける。それが僕の挑戦であり、使命である。

あとがき

本書は、“Marketplace 3.0 : Rewriting the Rules of Borderless Business”と題して、海外向けに英文で先行発売した。

２０１３年にアメリカのパルグレイブ・マクミラン社から原著が刊行されると、僕は欧米メディアの取材を受けたり、Googleなどのインターネット企業のセミナーに招かれたりするようになった。

彼らがもっぱら知りたがったのは、「楽天主義」「おもてなし」などのサービス精神についてだった。

実際、楽天と欧米のインターネット企業のビジネスに対する考え方やアプローチには大きな違いがある。僕らが重視するのは「コラボレーション」だ。インターネット・ショッピングモール「楽天市場」に出店する店舗と協力し合って、人間味があり活気あふれる店舗サイトを二人三脚で一緒に作りあげる。サイトの訪問者はそれぞれに特色のある多種多様な店舗サイトの商品をあれこれ吟味して、期待を込めて購入ボタンを押す。エンターテインメントとしてのショッピングの場、発見のあるショッピングの場を提供することこそ、僕らが追求してきたビジネスだ。画一的な商品ページで、目的の商品をサッと購入できることに重きを置く多くの多くのｅコマースサイトとは発想が異なるのだ。

「楽天市場」が現実にある商店街やバザールをインターネット上に仮想的に再現したものとすれば、他社の、特に直販をメインとするｅコマースサイトは、インターネット上の自動販売機といえる。

楽天がユニークな点は他にもある。ショッピングモール以外にも、旅行予約などのインターネットサービス事業、金融サービス事業、デジタル・コンテンツ事業といった多面的な事業を展開していて、さらに共通の楽天ＩＤによりインターネットを基盤とした「楽天経済圏」（楽天エコシステム）を形成している点だ。楽天の会員であれば、この「経済圏」のさまざまなサービスを、同じＩＤで利用でき、商品の購入やサービスの利用時に、圏内で共通利用できる楽天スーパーポイントを貯めたり使ったりすることができる。

本書では、こうした楽天のユニークなビジネスモデルを詳しく説明するとともに、それがどのように生まれたのかについても触れた。なるべく読者の方々がそれぞれのビジネスに応用できるようにと、意識して述べたつもりだ。

さて、最近の楽天の事業活動について簡単に紹介しておこう。

いわゆるｗｗｗの誕生から今年で25周年となり、楽天は創業から18年目を迎える。今、僕らは加速度的に海外展開を進めている。近年、特に注力しているのはデジタル・コンテンツ事業だ。

「Internet of Things（モノのインターネット）」という言葉があるが、すべてのモノは早晩インターネットにつながるようになるというものだ。すでに、国家や通貨、教育、医療、自動車、航空、テレビ、通信を含む今まで当たり前とされてきた世の中の既存の枠組みを再定義するような「破壊的・非連続的なテクノロジー（Disruptive Technology）」がどんどん生まれてきている。モノからデジタルへの流れを止めることはもはや不可能だ。本やＤＶＤなど、物理的な実体を持つ媒体はやがて姿を消すか、愛好家の嗜好品になるのではないだろうか。デジタル・コンテンツは、その実体が電気信号だから、モノよりも格段に速く情報を届けることができる。モノに対するデジタルの優れた性質は、物流網があまり整備されていない新興国では特に大きな意味を持つはずだ。

僕らが今、矢継ぎ早にデジタル・コンテンツ事業に乗り出しているのは、デジタル・コンテンツ事業のシェアを世界で、特に新興国においてまず高めておくことで、少し普及に時間のかかるインターネット・ショッピング事業への玄関口とするためということもある。

デジタル・コンテンツに関するところでいうと、２０１２年１月には電子書籍事業をグローバルに展開するカナダのKoboを子会社化して、電子書籍市場に本格的に参入。同年６月には、スマートＴＶやスマートデバイスなどに向けた動画配信サービスを地元スペインやイギリスで提供するWuaki.TV（ウアキＴＶ）を、２０１３年９月には視聴者コミュニティーが字幕翻訳を付けた映画やテレビ番組などをストリーミング動画配信するアメリカのViki

（ヴィキ）を子会社化し、映像コンテンツ市場にも本格参入している。さらに、２０１４年3月には、スマートフォンの無料通話・メッセージアプリ「Viber」を運営するキプロスのViber Media（バイバー・メディア）を買収した。こうして、いっきに6億人まで楽天グループの顧客ベースが拡大した。

また、これらの海外企業は買収により楽天グループに加わったが、その買収・統合の実現は非常にスピーディーでスムーズなものだった。最大の要因は、2年あまりの移行期間を経て、２０１２年7月から楽天の社内公用語を英語に替えたことだろう。２０１０年に楽天が社内公用語を英語にすると宣言し、それがメディアで報じられたときには、ある財界人に「バカな話」とまで言われたが、実際に社内公用語の英語化をあのタイミングで実行に移したおかげで、僕らは今、大きな恩恵を受けている。海外企業の買収・統合に効果を上げているだけでなく、優秀で多様な人材が楽天に入ってくるようになり、日常業務でも、海外の楽天グループ社員やパートナー企業との情報交換や共同開発が英語化以前よりはるかにスムーズになった。モノではなくサービスを売るインターネット企業である楽天にとって、コミュニケーションのスムーズさは、グローバルなインターネット企業と伍していくために重要な意味を持っているのだ。

２０１３年には、東北楽天ゴールデンイーグルスがはじめて日本一の座に輝いた。何よりも東北や全国のファンの皆様の熱い応援のおかげであり、東日本大震災で被災された東北の方たちから勇気づけられたという声を多くいただき、改めてスポーツの力を感じた。球団結成からわずか9年にして栄冠を手にできたのは、僕らが球団運営においても既存の枠にとらわれず、新しいビジネスモデルを取り入れ、ユニークな選手強化策を講じてきたからでもあると思う。本書では、野球を含め、サッカー、交響楽団など、スポーツ組織や文化団体の運営に僕がどういう姿勢でのぞんでいるかについても述べてきた。

本書はビジネスだけでなく、文化事業や、あるいは個人の人生においても、既存の枠にとらわれず、一度ルールを書き換えてみるという発想をぜひ持ってもらいたいと願い、執筆した。

本書が読者のみなさんのビジネスと人生の一助になれば幸いだ。

2014年9月

三木谷浩史

本文デザイン　森田祥子（TYPEFACE）
編集協力　　　緑　慎也

三木谷浩史（みきたに・ひろし）
一九六五年神戸市生まれ。八八年一橋大学卒業後、日本興業銀行（現・みずほフィナンシャルグループ）に入行。九三年ハーバード大学にてMBA取得。日本興業銀行を退職後、九六年クリムゾングループを設立。九七年二月株式会社エム・ディー・エム（現・楽天株式会社）設立、代表取締役社長就任。同年五月インターネット・ショッピングモール「楽天市場」を開設。二〇〇〇年には日本証券業協会へ株式を店頭登録（ジャスダック）。〇四年にJリーグ・ヴィッセル神戸のオーナーに就任。同年、五十年ぶりの新規球団（東北楽天ゴールデンイーグルス）誕生となるプロ野球界に参入し、オーナーに就任。一一年より東京フィルハーモニー交響楽団理事長も務める。現在、楽天株式会社代表取締役会長兼社長。

楽《らく》天《てん》流《りゅう》

二〇一四年十月十日　第一刷発行
二〇二三年三月八日　第三刷発行

著　者　三《み》木《き》谷《たに》浩《ひろ》史《し》

発行者　鈴木章一
発行所　株式会社講談社
東京都文京区音羽二－一二－二一　郵便番号一一二－八〇〇一
電話〇三－五三九五－三五二二（出版）
〇三－五三九五－四四一五（販売）
〇三－五三九五－三六一五（業務）
印刷所　大日本印刷株式会社
製本所　株式会社国宝社

定価はカバーに表示してあります。落丁本・乱丁本は購入書店名を明記のうえ、小社業務あてにお送りください。送料小社負担にてお取り替えいたします。なお、この本についてのお問い合わせは第一事業局企画部あてにお願いいたします。

ISBN978-4-06-219206-4　N.D.C.335　278p　20cm